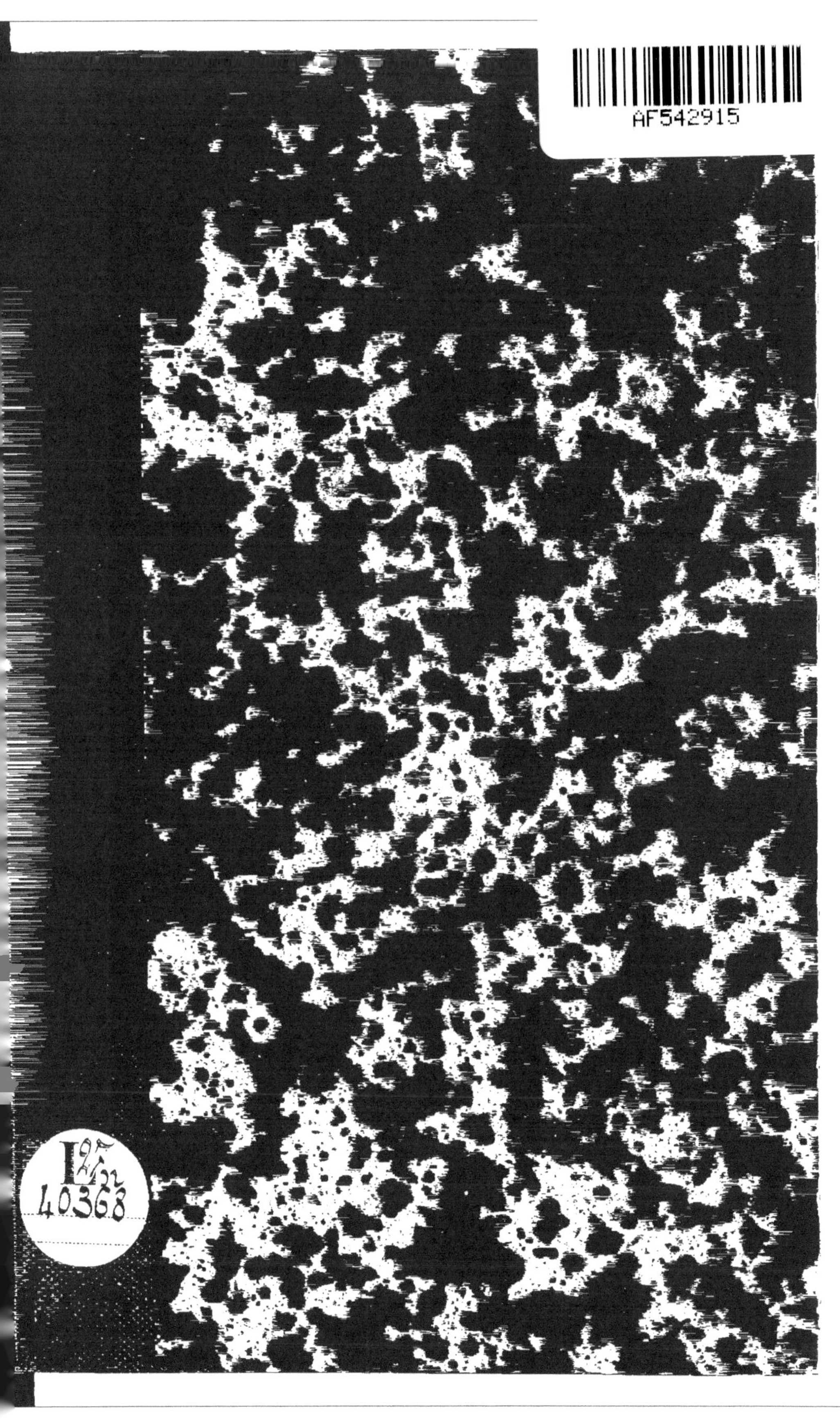
AF542915
L 27/22
40368

LETTRES

À

VÉRONIQUE

LETTRES

A

VÉRONIQUE

AUCH
PLACE SALINIS, 9,

PARIS
RUE JEAN DE BEAUVAIS, 18.

1870.

A MADEMOISELLE MARIE-FRANÇOISE LAMARQUE

A AUCH (Gers).

Mademoiselle et bien chère amie,

Quiconque n'avance pas recule; et vous, qu'on sait en possession d'énergie peu commune, renforcée par une conduite exemplaire, alliance fort rare, du moins à notre époque; et pourtant, avec ces éléments formidables qui constituent votre robuste tempérament, on vous voit et on vous retrouve en guerre de liberté contre la servitude, sous une pression écrasante, exposée à périr à tout instant.

C'est parce que nos existences, respectables à tous égards, mais physiquement faibles, sont de nos jours trop fréquemment à la merci de certaines autres dont la force barbare va se joindre à l'audace, et qui, grâce à leur astuce, à leur activité, savent intéresser le jeu, en retirer profit et faire en plein soleil leur fortune à notre détriment. Tout cela se pratique à merveille, avec des propos de convenance, par des allures d'honnêteté et sous des formes d'équité qui ne sont rien moins qu'équivoques; tandis que le vrai possesseur et le vrai méritant se consume et périt en efforts surhumains pour échapper à ce contact malsain qui, à son tour, lui est fatal.

Oui, de toutes ces grandes et saintes choses de liberté, de droit divin, ou de mérite acquis, ces êtres en sont les détracteurs, les réfractaires éhontés. Par eux, et parce qu'on les favorise, nos lois deviennent mortes, nos libertés s'en vont, nos mœurs anciennes disparaissent, et c'est ainsi qu'on nous contraint et que nous succombons.

Voilà où nous en sommes. Tels aussi sont vos maux, chère amie, car pour avoir vécu votre vie entière dans le devoir et dans l'honêteté, pour avoir mérité et grandi, on vous a dépouillée et jetée nue dans vos rues, notez par autorité de justice. Il n'y a que la femme prostituée qui de nos jours soit en apothéose.

Avons-nous raison de nous plaindre et de nous récrier? Si j'exagère qu'on me contredise.

Quoique forte, et dans votre droit, n'agissant que par la vérité, c'est en vain que vous réagissez et que vous protestez : c'est bien en vain que vous marchez résolue et altière dans le chemin du droit des gens, appuyée sur le bâton de la justice antique. Le soutien n'est-il pas quelquefois débile et la voie encombrée et glissante? Et n'y êtes-vous pas heurtée par cette ligue assermentée qui ravage, qui pille et qui tue !

Que vous avais-je dit, si non que batailler avec certaines gens c'était perdre son temps, son argent et ses forces pour n'aboutir à rien de bon? Chére amie, sous ce régime, non jamais vous n'avancerez.

Pour sortir de la situation, je vous ai indiqué plusieurs fois un moyen sûr, un expédient efficace dont vous pouviez user, sans crainte d'altérer en vous quoi que ce soit. Néanmoins et par pudeur, vous avez repoussé ce moyen avec quelque mépris, ce procédé vous l'aviez en horreur. Mais du moment qu'on a dirigé sur vous toute sorte d'attaques, et par surcroît lancé un jugement, beaucoup d'injures, qu'on vous traite sans loyauté, qu'on est pour vous impitoyable, l'occasion est propice, le moyen est trouvé, vous devez en user pour éclairer et faire vider votre affaire, vous voir débarrassée enfin d'une incroyable tyrannie qui pèse lourdement sur vous depuis déjà longtemps.

Sans cela, vous ne serez jamais bien vue de vos concitoyens, ni jamais écoutée, « et le mépris des hommes devient insupportable quand on est innocent. » N'est-ce pas vous qui me l'avez dit ? Telles sont les réflexions qui tendent au même but que notre attachement nous suggère.

Amie, hâtez-vous donc, l'heure a sonné, qu'attendez-vous ? L'intérêt personnel le réclame, la dignité l'exige, et cette belle et noble portion de la société que vous représentez si dignement, vous en fait un devoir des plus saints et des plus sacrés. Et puis, serez-vous glorieuse qu'on puisse dire qu'en vos mains l'honneur a été vaincu, le droit de propriété méconnu, le mérite outragé ; que la vérité, que la vie sont devenues la pâture du mensonge et de la mort ? Et votre conscience, sera-t-elle contente ? Sera-t-elle satisfaite de tout cela ? Pour elle ce reproche serait éternel, si vous ne vouliez pas profiter du moyen et de l'occasion que la providence vous ménage si bien. Ainsi l'hésitation ne vous est plus permise.

Pour le faible, le languissant, il ne suffit pas de gémir, de protester, ni de se lamenter ; il faut aussi, quand le besoin l'exige, jeter l'alarme, pousser le cri du ralliement et concentrer les forces, user alors du frein, arrêter le torrent.

Et de toutes les nécessités en réclame, de toutes les calamités du jour, en est-il de plus alarmantes que celles qui nous occupent en ce moment, et sous le poids desquelles on vous broie vivante? Est-il une situaton intéressante qui exige le secours plus prompt? La propriété violée ! La loi inerte ! La liberté perdue !

Il vous faut donc, et tout de suite, initier le public à vos péripéties, lui montrer la part honteuse qui revient au coupable et que le coupable a rejetée sur vous.

Il faut qu'on sache que votre adversaire a tout fait pour s'approprier tout ce qui vous appartient ; que dans ce but il a ruiné votre propriété pour l'avoir ensuite à bas prix. Il est bien parvenu à se rendre, le possesseur, d'une partie, mais non pas le propriétaire. Vous ne voulûtes pas sanctionner sa conduite, et c'est alors qu'il redoubla de fureur et de haine. Pour vous punir et s'en venger, il a sacrifié à cette haine votre fortune, votre honneur, votre vie toute entière et compromis le prêt que vous ont fait vos créanciers; il vous a, par surcroît, livrée aux tribunaux pieds et poings liés, faisant croire surtout que vous aviez sottement dépensé. Et c'est d'après son dire et son faire qu'on vous a expropriée, sans pouvoir vous faire écouter ni pouvoir arrêter l'action malicieuse dirigée avec art contre votre domaine, contre vos créditeurs, et contre vous.

En outre, il faut qu'on sache que vous dénoncez le coupable dans le but de réparer le mal qu'il a causé en votre nom, à tout ce qui est vôtre, que c'est pour recouvrer la liberté de toutes vos actions et payer de vos mains vos créanciers, reconquérir vos droits civils, rentrer chez vous, reprendre la place qu'incidemment on vous a fait abandonner, sans croire pour cela que vous ayez démérité.

Pour vous éviter le travail qu'exigerait une rédaction spéciale, publiez tout bonnement les lettres que vous m'avez écrites. Elles font nettement ressortir votre affaire, en exposent les faits, en désignent les lieux et citent les personnes quand il le faut absolument. Elles auront en outre l'avantage de vous faire connaître et mieux apprécier. En les lisant on se croit réellement avec vous, tant la forme, le fonds, les expressions mêmes vous sont particulières, et ce qui prouve une fois de plus que c'est vous, ce sont des inversions fréquentes.

Vous trouve-t-on avec votre adversaire? Bientôt on s'aperçoit que vous le ménagez, tant vous êtes persuadée que ce sont les doctrines subversives qui pullulent de toute part qui l'ont, comme à tant d'autres, fait dévoyer. Vous n'en voulez qu'à ses erreurs, vous n'attaquez que ses caprices, tandis que sa personne est en tout et partout respectée; tout l'indique, le prouve et dit à chaque page combien vous l'honorez. Aussi je pose en fait que nul autre que vous ne connaît mieux ce personnage. Sa pensée, vous la pénétrez, vous la suivez dans sa marche, avec précaution, pour le braver ensuite dans sa conduite, pour le happer à l'occasion, tenter de le ramener dans sa voie primitive et de tradition de famille, celle du droit chemin.

Que de transes, que d'angoisses vous sont échues à ce propos, et cependant quel calme et quelle dignité vous savez garder avec lui, malgré votre nature ardente. Dès lors on comprend bien que vous devez l'aimer. Oui, vous l'aimez bien plus qu'il ne mérite, vous l'aimez beaucoup mieux qu'il ne sait s'aimer; vous l'aimez sans hauteur, vous l'aimez sans faiblesse, vous l'aimez, car il est votre frère; il vous serait si doux de pouvoir l'excuser! Et la preuve de cette amitié, je la trouve dans vos efforts constants et que rien ne rebute, pour le faire sortir du bourbier dans lequel il s'enfonce et veut vous entraîner après lui; il n'a que mal choisi dans cette circonstance. Ah! plutôt c'est qu'il est très heureux d'avoir, en cet endroit, rencontré une sœur; car on est à se demander comment il a pu un instant supposer qu'elle allait le seconder dans des calculs étroits, ou l'approuver dans des machinations que l'homme intègre, soucieux de lui-même, n'adopte à aucun prix. Eh bien, ces résistances, à elle, lui ont valu des traitements ignominieux auxquels persone ne veut croire, et dont on ne veut pas entendre parler; il n'en est pas moins vrai qu'elle les a subis. Dans tous les cas, pour en agir ainsi, ne faut-il pas être pris de vertige?

Sous ce rapport, ces lettres offrent de l'intérêt; elles

ont, selon moi, quelque valeur morale qu'on ne doit pas garder toute pour soi, quand elle peut profiter à tant d'autres et les édifier du même coup.

Or, comme je prétends ne pas être exclusive, m'intéresser aux deux partis, vous servir d'abord, chère amie, et servir notre sexe, j'insiste pour que cet écrit conserve sa forme d'épître et son esprit; en un mot, qu'il soit reproduit dans son texte. Le langage en est simple, naturel et pas trop familier ; il est à la portée de toutes les intelligences, sans altérer le sentiment; il n'en sera que mieux senti, plus goûté, si ce n'est par les compositeurs exercés, du moins par ses lectrices; et que prétendons-nous de plus, si non leur être utiles?

Dans cette production, tout parle en faveur de la femme, l'éclaire, l'instruit, la fortifie, la grandit. Elle se voit considérée en apparence, mais dans le secret outragée. Cette lèpre se rencontre plus souvent qu'on ne veut bien le dire, et que deviendrait-elle, faible comme on la connaît, si Dieu ne vient pas à son aide? O femme ! tu es admirable dans le devoir, belle quand tu es surchargée de mépris et d'injures, tu deviens invincible quand tu es cuirassée de la religion, formidable quand tu es protégée par ton Dieu. Souviens-toi de cela et sache en profiter.

Je ne dois pas vous le dissimuler. Cette publication va donner lieu a force commentaires, a des redites injurieuses qui se débitent contre vous depuis plus de cinq ans que vous êtes sur la sellette. C'est un agrément qu'on se donne, il n'est pas mal plaisant ! Peut-être encore que ceux qui s'entendent si bien pour étouffer l'affaire seront pétrifiés à la première alerte, que savons-nous ? Si parler avec votre adversaire n'eut pas été perdre la peine, on aurait pu s'entendre. Mais non. C'est vous obliger maintenant à prendre ce parti extrême; quand la démarche est faite, il faut s'attendre au dénouement; qu'importent les propos, les risées? Attendons, voilà tout.

Aujourd'hui vous direz à ces mécréans, que vous ne consentez à livrer votre pensée intime à la vindicte du public quel qu'il soit, que par la force d'évènements regrettables, sans contredit, mais que vous n'avez pas suscités, et que désormais, pour en finir, vous ne devez pas redouter.

Malgré tout, cette brochure arrivera en fort bonne saison, elle sera lue notamment par les personnes qui vous ont connue, par celles qui depuis ont acquis cet honneur, car vous avez laissé dans l'esprit de ces favorisés d'excellents souvenirs, à n'en juger que par nous-mêmes, depuis si peu de temps que nous vous connaissons. Aucun de nous n'ignore et ne peut même pas ignorer que vous êtes modeste dans vos goûts, et pour votre personne, réservée et discrète; que tout ce qui est le monde, la vogue et tout ce qui s'en suit, vous déplaît, vous donne des scrupules, que vous aimez la solitude, la vie champêtre; et qui ne le sait pas! Vous comprenez aussi votre insuffisance en matière de style surtout; que votre répugnance est extrême pour le parti que je défends; si vous le repoussez, votre perte est certaine. En considération des raisons exprimées ou qui restent à dire, cette société d'élite se montrera indulgente pour vous, pour votre écrit, du moins elle se souviendra que vous parlez à une amie.

Il se pourra que pour vos sentiments, votre conduite, elle soit un peu plus exigente, c'est son droit et cela se conçoit et s'explique. Sa mission spéciale n'est-ce pas le contrôle ? Elle a raison de se préoccuper de ses copartisans. Et vous qui êtes née, qui avez grandi avec elle et comme elle dans les principes d'ordre et de moralité, le moins que ce puisse être, n'est-ce pas sur ce point, et de son côté, à demander vos comptes, du vôtre, à les lui montrer !

Vous vous êtes sentie frappée, il est vrai, par des évènements que rien à l'extérieur ne fesait présager et qui laissent les esprits en suspens ?

Raison de plus qui l'oblige à savoir qu'elle a été votre conduite et qui vous force à dire si vous avez suivi la ligne du devoir. Ce n'est que sur des faits constatés, avérés, qu'elle peut sûrement statuer, et si tant est que vous ayez dégénéré de cette grande race des gens intègres et honnêtes, qui constitue et maintient la famille, la société, la nation, vous en serez pour tout de bon exclue. Voilà en peu de mots quel est mon sentiment.

Jusqu'à présent, en dehors de vos confidences sur votre compte, j'ai appris que dans l'état de déchéance que le public connaît, par respect, vous vous tenez à distance d'elle.

Ce sentiment de dignité que dans l'abaissement, la détresse, vous avez conservé parle en votre faveur. Déjà cette société intelligente vous en sait bon gré, aussi d'avance les a-t-elles comptées, vos tribulations, vos souffrances ! Et d'abord, vous souffrez de l'injustice qui vous a totalement dépouillée, vous souffrez de ce dénuement, du mépris qui en résulte et qui retombe tout sur vous ; vous souffrez de l'isolement que vous vous imposez quand même, vous souffrez des maux qui ne peuvent pas se dire et de ceux qui ne peuvent pas se compter, ainsi que de tant d'autres qu'on ne peut même pas soupçonner sans la condition d'en être la victime. Or, ne fusse que par corelation, il est indubitable qu'elle a pour vous des sympathies fondées sur le respect et sur l'honnêteté des sentiments que la conduite n'a jamais démentis, qu'elles se sont accrues et cimentées dans la mesure de vos maux en progression de vos souffrances.

Soyez donc avec elle sans hésitation et sans crainte, elle viendra à votre secours et vous sera en aide. De sa puissante main, elle saura briser vos chaînes, arrêter ce scandale, soyez-en bien certaine.

Je vous comparerai dans cette circonstance à ce faible arbrisseau qu'on rencontre immobile et tout fier au milieu des tempêtes qu'il ose défier, quand il est enlacé par le convolvulus (liseron) qui lui aussi s'est accroché à quelque vieux tronc d'arbre.

Ah ! cher amie, vous devez être bien opprimée, bien préssurée, puisqu'on vous tient pour morte. Or, s'il en est ainsi, imprimez résolument à cette grande et sainte cause le sentiment de la vitalité ; faites ce hardi mouvement, alors et forcément on vous rendra bonne justice, j'ajoute que ce ne sera pas sans l'avoir marchandée;

mais enfin pourvu qu'on mette un terme à vos débats en vous rendant ce qui vous appartient et ce qui vous revient, ne demandant pas autre chose, tout sera dit et consommé ; et ce succès inespéré sur lequel de tout temps vous avez compté, rejaillira, nous l'espérons du moins, sur tant d'autres victimes éprouvées de la même manière moins bien dotées que vous.

Je n'insisterai pas davantage sur l'opportunité ni l'efficacité du moyen que je vous propose; de tout cela je vous sais convaincue, vous n'êtes indécise que pour l'exécution. Vu l'importance de l'affaire, la gravité de la question, l'état indigne, inqualifiable où l'on vous retient, je me crois autorisée à vous dire que si d'ici à peu de jours vous ne vous êtes pas exécutée vous-même, je prendrai l'initiative et de mon chef, je ferai imprimer vos lettres. A cet usage, j'ai sous la main des originaux que je tiens à garder. C'est qu'en effet, ils m'appartiennent et me sont non pas seulement chers, précieux, honorables, mais j'ai à cœur qu'ils soient appréciés comme tels, capables à eux seuls, si vous en faites usage, de vous sortir de cette affaire étrange.

Toute à vous, chère amie, et dans la circonstance, prétendant vous servir, je m'appellerai :

VÉRONIQUE.

Paris, 25 mai 1870.

AVANT-PROPOS.

Dignité oblige.

Harcelée par un adversaire ambitieux, jaloux, despote, que jamais je n'ai pu éviter, auquel j'ai vainement cherché à me soustraire, j'ai successivement perdu sous sa domination mon crédit, ma propriété, mon honneur, en un mot, tout ce qui constitue l'existence morale; et pour la vie physique, les moyens d'une existence honnête. Mon talent et mes forces, je les ai épuisés en conjurations et protestations qui n'ont servi qu'à augmenter mes maux et mes craintes. Ne vivant plus que d'une vie malsaine[1], mon cœur n'en est pourtant pas ulcéré et ma raison est restée saine.

Aujourd'hui, je ne viens pas demander une grâce ni solliciter un pardon, je n'ai offensé ni dupé personne que je sache; si je suis signalée comme telle, qu'on me le démontre; mais je viens demander des droits, celui par exemple, de la protection de la loi qui appartient à tous les français et qui m'est refusé depuis que je suis majeure, et dont la privation est cause de mon impuissance, de toutes mes pertes et du plus grand nombre de mes malheurs. Je réclame en outre le droit de faire reviser l'arrêt de l'expropriation que rien ne justifie. C'est ma propriété que je redemande, c'est mon honneur, ma dignité que je dois reconquérir, s'il est bien vrai que j'ai ma raison d'être. Dans tous les cas, j'ai fait saisir le tribunal de cette affaire.

Et comme cet individualisme absolu exerce sur les esprits et contre moi une influence qui m'est de tout point désastreuse, pour en briser les liens, éclairer ces esprits trop crédules, en ce qui me concerne, je mets à jour une partie de ma correspondance, celle qui rend compte de cette affaire. Quoique les faits y soient isolés les uns des autres, ils justifieront néanmoins mes plaintes ainsi que ma démarche.

Ces pages ont en partie été écrites au chevet du lit de ma nièce S., malade à cette époque d'une consomption qui l'a conduite au tombeau; aussi parfois seront-elles empreintes de lugubres images, de douloureuses émotions.

Ce n'était pas à moi de divulguer ces choses, je le sais, mais dois-je plus longtemps demeurer incertaine et laisser supposer on croire que je me sois trompée. Oh non ! je dois être ou coupable et punie, ou absoute et dédommagée. De ma part, un plus long silence dénoterait le crime. Je me dois à moi-même cette satisfaction.

Agriculteur, j'avais procuré à mes terres une valeur que jamais on n'avait pu leur faire atteindre. S'il a plu à mon adversaire de les rendre stériles, précisément parce qu'il est fort et qu'il régit chez moi, après toute chose, dois-je en subir le déshonneur, les pertes ? Est-ce bien un motif raisonnable pour m'en déposséder ? qu'on me donne ce qui me manque, l'appui de la main forte j'y ai droit et je le revendique.

Comme éleveur (race bovine) j'aurais bien pu présenter des sujets dont la valeur ne m'eût pas été contestée, je ne l'ai pas voulu. Autant je dédaigne la gloire, autant et plus encore j'ai à cœur la justice et c'est pour l'obtenir, cette justice, que j'use de mon droit, pour ne pas laiser plus longtemps la vérité captive.

Cette publication sera divisée en quatre séries, l'accueil qui sera fait à la première indiquera si elle doit être continuée.

A VÉRONIQUE

Auch, le 22 mars 1868.

MON INTIME AMIE,

Ma situation, ici, est des plus déplorables ; elle dépasse de beaucoup tout ce que l'imagination avait pu me faire entrevoir de douloureux et de pénible.

Le tableau que je m'en faisais de si loin, quoique bien sombre quelquefois, laissait cependant entrevoir des clartés à l'aide desquelles je tâchais de me rattacher à la vie. Mais aujourd'hui que je me trouve en face de la réalité, je connais mon illusion ; et puis, en pensant aux moments agréables que j'ai passés auprès de vous, ma position actuelle me paraît encore plus pénible.

Ma nièce S. D..., celle en qui désormais se concentrent mes affections, qui réjouit si dignement mon cœur , et le cœur de sa bonne mère et de tous les siens, ma bien aimée, comme ses sœurs, s'en va de cette terre! Amie, si vous m'aimez, oh! de grâce, priez pour son heure dernière, pour ses derniers instants!

Mes affaires son à l'état pareil, c'est vous dire au plus bas. Je viens de repousser de nouvelles propositions qui tendaient à faire absoudre l'audacieux, accepter son mandat;

et comment m'y résoudre, quand tout en moi le désapprouve ?

Pauvre et éprouvée, je n'ai jamais sollicité pour moi l'attention ni les consolations de qui que ce soit. Mais pour mes créanciers, j'ai réclamé en toute occasion, je réclame encore, je réclamerai certainement la justice des lois, la dignité du droit.

Dès le principe, et dans leurs intérêts, j'ai vaincu toutes mes répugnances naturelles, en me mettant en personne à la merci de tous, sans transiger, car c'est pour moi un devoir! Mais je crains que ce ne soit pure perte; alors surtout que de nos jours et qu'à certains égards, le succès obtenu devient au méritant un danger; l'honneur qu'il a su conserver peut se changer en crime.

Et parce que j'ai cherché dans la vie agreste l'activité qui m'était devenue nécessaire pour y vivre de ma propre vie dans des principes héréditaires, je veux dire laborieux, honnête et pieuse demoiselle, j'ai rencontré des contradictions à qui cet alliage de dévotion et de labeurs champêtres, ce passe-temps, ce vouloir faire, a déplu souverainement.

J'ai donc des adversaires et je suis en conflit avec eux, par divergence dans nos idées, nos opinions, nos calculs, nos sentiments, nos actes, par culte et par conviction. C'est pourquoi, ils opposent, au droit la force, à l'équité la tyrannie, et par ces infâmies me tiennent dans l'inertie, la perplexité, la douleur et la crainte, sans qu'il me soit possible de me faire entendre de la justice qui soupçonne bien quelque chose, mais elle fait la sourde oreille.

Sans espérances d'autre justice ni de meilleure protection, je veux que l'amitié que vous me conservez vous soit justifiée jusque dans tous mes actes.

Pour ce motif, je viens vous faire le récit de cette malheureuse affaire, me bornant à signaler les faits saillants, incontestables, de si malcontreux événements. M'abstenir.

si je sais le faire, de plus longs commentaires pour vous laisser, dans votre for intime, libre de votre sentiment, et en connaissance de cause vous me direz, du moins je m'y attends, à qui revient ce manteau d'expiation et d'ignominie, jeté sur mes épaules meurtries et affaissées par le travail, la douleur et les ans.

J'aime à parler si peu de moi, si peu des miens, si peu d'autrui, qu'il a fallu un cas urgent, une calamité, un danger imminent, pour aborder ces saints et sacrés sanctuaires.

Cette conduite de ma part pourra paraitre à quelques-uns injuste et déloyale. Je m'attends à ces accusations; mais je n'y réponds pas; d'ailleurs, mes adversaires ne m'ont-ils pas donné l'exemple ? N'ont-ils pas violé mon foyer, décrété ma proscription, expoliée s'il leur était possible. Qu'ils crient une seconde fois à la profanation, au scandale, je m'en inquiète fort peu, malgré qui que ce soit et quoi qu'on veuille dire ou faire. Pour vous parler, je forcerai à mon tour leur demeure, à mon tour je braverai les rigueurs de la loi. et encore me restera-t-il la vérité des faits mentionnés, qui justifie et du droit et du fait.

Oui, ces tribulations semblent être par certains hommes, mises en réserve tout exprès pour moi.

Je connais leurs erreurs, je sais leur perfidie, où tendent leurs complots, leurs projets inouis. Et s'il vous plait, pour qu'elle expiation et dans quel but ?

Parfois des faits intolérables m'ont fait jeter des cris de détresse et d'alarme, aucun mortel n'a voulu entendre ma voix ni écouter ma plainte. C'est ainsi qu'ils les méconnaissent, les méprisent ou s'en offensent.

D'où me viendra donc le secours qui m'est dû , que j'attends ? d'où peut-il me venir, si non des hauteurs éternelles ?

Dieu, que je sache, n'a jamais trompé mon espoir, serait-ceau plus fort des conspirations , des tourments, que sa bonté, sa puissance, me feraient défaut!..... Que mon corps s'incline chaque jour davantage vers la terre, quand mon esprit, mon cœur, mon regard, mon front même dirigé vers le ciel reste droit, calme et fier?.....

Tout cela n'est-il pas rationnel, le corps est pour la terre, mais notre âme appartient à Dieu. Dans cette attitude constante dois-je craindre même au déclin des jours!..... Comment alors déchoir dans mon attente.

Seigneur Jésus, mon Sauveur, mon doux Maître, comme toujours, plus que jamais, je fonde en vous seul toutes mes espérances.

Et vous, Chère Amie, en qui le dévouement, la sympathie sont sans bornes et tellement discrets, intelligents, qu'il semblerait qu'un sentiment surhumain vous a dirigée vers moi, vous y retient par charité captive, dans la pensée peut-être d'en déterminer le succès! Et cela tandis qu'un malheur persistant m'atteint parfois, me défie quand même. Quand je me vois méprisée du vulgaire, éconduite par l'impudent, délaissée des uns, pourchassée des autres, honnie par celui-ci, obsédée par celui-là, je trainerais sans vous, sans votre bienveillance, des jours bien autrement languissants et pénibles.

Oh! Chère Amie, dites quel est le génie qui vous inspire, quel est l'instigateur de si louables sentiments, quel en est aussi le mobile? Car tout en vous, pour moi, m'éblouit, me confond, m'encourage, m'excite et me détermine à divulguer les maux qui désolent mon âme, pour vous faire part de mes secrets, de la vérité, par les faits que je vais raconter. Et tous ces malheurs, ces désastres, je les avouerai sans honte et sans aigreur à votre cœur bienfaisant.

En accédant à vos désirs, je crains pourtant par certains détails, de raviver en moi des peines assoupies, vous attrister aussi vous-même. De grâce, épargnez-moi ce surcroit d'affliction, dispensez-moi de ce lamentable récit, certaine d'y retrouver des larmes et bien d'autres amertumes..... Evitez-vous à vous-même des pleurs.

Vous refuser dans d'autres vues, serait agir inconsidérément contre mes sentiments, vous repousser en quelque sorte, ce serait méconnaître mes intérêts, vos droits acquis, et, près de ce foyer, mon cœur peut-il rester indifférent, indécis et chagrin? Vous refuser serait indigne, car vous m'apparaissez sous l'égide de Dieu.

Soudain un sentiment de haute et tendre gratitude m'interrompt, et m'exhorte à vous qualifier d'un doux nom, qui vous soit cher, et qui aille à mon âme. Vous dirai-je comme à Paris *Ma mère* et souvent pour de vraies misères. Quel abus!.., Quelle profanation!... Surtout comme à Paris où les courtisanes surabondent, mais la *mère* n'y domine plus. D'après mon cœur, moi qui n'ai plus ma mère, je crois aussi d'après le vôtre, je ne vois que la Vierge Marie à qui je puisse dire véritablement : ma mère.

Vous ne prétendez nullement, je le sais, à ce titre de Mère. Vous appelerai-je ma sœur? J'ai une sœur, et je l'avoue, je l'aime et la vénère. Ma sœur, c'est la bonté même, le malheur extrême, la douleur incessante; elle est fille, sœur, épouse et surtout mère d'infortunes cruelles et d'immenses douleurs, et riche en même temps par descendance, ascendance et par acquisitions d'immortelles richesses. Oh! qu'elle est sublime, ma sœur!... Lui usurper ce titre ou l'imposer à d'autres, ce serait de ma part un crime. Pour vous, il serait importun. Je ne puis donc vous appeler ma sœur. D'après cet examen le nom d'*amie* vous sied, ce me semble, à merveille; il résume ce que vous êtes, ce qu'à mon égard vous faites journellement.

Voyez plutôt... L'ami, c'est celui qui partage les maux, les infortunes, les joies, les tristesses, les souffrances, les larmes de celui avec lequel il sympathise. Il lui est propice, bienveillant, attaché, caressant. Il a du baume pour ses plaies, des soins pour ses maux divers, des consolations pour sa détresse et pour tous ses malheurs, il fait même pour lui des miracles. L'ami, mais c'est l'ange envoyé à Tobie, c'est Jésus ressuscitant Lazare. Ainsi faites-vous chaque jour pour moi? Votre amitié dépasse mon attente, elle est vraiment selon le cœur de Dieu : vous êtes véritablement une amie!

Ce titre est de mon choix, et, sanctionné par vous, acquiert plus de valeur. Cela dit, je me retrouve dans mon indigence, sans autre liberté ni plus amples pouvoirs que celui de vous appeler *mon amie* et de vous exposer, rustre et à ma manière, mes hontes, mes douleurs, mes besoins.

Comment, en effet, puis-je autre chose? Et qu'ai-je à vous offrir en dédommagement qui montre mieux l'abnégation, l'énergie de votre grande âme, qui soit à la hauteur de votre dévouement, sinon *moi*, dans cet état d'abandon et de desuétude? Votre contact si doux et votre haute estime pour ma personne discréditée depuis longtemps, tant de pitié pour moi! Oh! chère amie, vous grandissez à mes yeux chaque jour davantage; Dieu, pour sûr, doit être avec vous.

Puisque, malgré tant de contrastes, un sentiment intime et religieux nous unit, nous confond en Dieu, fêtons d'abord, chère amie, votre bienvenue par une mutuelle et pieuse allégresse et puis réalisons, puisqu'il nous est possible, des valeurs immortelles, une fortune inexpugnable.

Stimulons pour cela notre ardeur et notre confiance, cimentons ainsi cette union de nos cœurs dans un saint amour pour Dieu, sans négliger Marie, notre si bonne mère, pour mieux leur plaire, les servir à leur gré et dans leurs propres vues.

Souvent, Seigneur, vos desseins sont impénétrables. Sans vouloir les sonder, il m'est si naturel, ce me semble, d'en rechercher le sens, d'en connaître la cause! Ainsi parfois me suis-je demandé pourquoi tant de vicissitudes dans ma vie? Et ces secours si opportuns et tant inespérés, pour quelle cause? Et dans quel but? Ce ne peut être pour m'irriter des insultes des uns, ni m'engouer des faveurs décernées par tant d'autres, mais dans des vues plus larges et plus dignes de vous, ô Jésus, et m'y rendre surtout attentive.

Aussi viens-je vous demander : faut-il par mon silence accréditer d'injustes et odieuses assertions, accepter bénévolement la part hideuse qui m'est faite !

Dois-je abdiquer mon droit ainsi que mon devoir sous des prétextes faux, par prévention malicieuse.

Cette attitude ne me sied guère et cependant mon cœur hésite à mettre au grand jour des preuves accablantes ; il voudrait pour lui seul retenir dans son sein ces hontes fraternelles ; il voudrait bien se disculper aussi à son amie. Que de contrastes, quelle crainte en moi, partout, en tout. comme toujours, on y retrouve la perplexité, les angoisses

Faut-il me taire? Dois-je parler? Si dans ce dernier terme se trouve votre formelle volonté, Seigneur, pour discourir comme il convient, j'aurais besoin d'être inspirée, de laisser mon pauvre cœur se dilater, de recouvrer ma voix, recueillir ma pensée, de confondre mon âme à celle du peuple d'Israël, quand il errait sur la terre étrangère et de pleurer comme eux, avec eux, tant de victimes saintes. Mais, hélas! je sais que mes désirs sont vains et surtout téméraires. Du moins donnez à mes pensées la clarté qui leur est nécessaire, à mes paroles la vraie sagesse, à mon cœur la prière, à mon âme la chétienne résignation.

Votre amie ,

LAMARQUE M. F.

O Christ ! qu'est devenu mon repos, votre ouvrage ?
Qu'est devenu le toit, refuge du naufrage !
Mon repos est détruit et mon toit est souillé !
Les voleurs sont venus, qui m'en ont dépouillé !
Droits, supplications, famille, infortune, âge,
Elle a tout méconnu, cette horde sauvage ;
Le grain semé par moi, ses mains l'ont moissonné ;
Et sur ces fronts d'airain, vous n'avez pas tonné !

Acte de partage.

En vertu d'un acte de partage entre ma sœur, mon frère et moi, passé devant M. B....., notaire à Auch, sous la date du 4 janvier 1859, je deviens propriétaire d'une métairie dépendant de la succession de notre mére, sise canton d'Auch (nord) lieu dit Embarrousse, bornée au nord par les dépendances du château d'Empaillon, appartenant à M. d'Aignan ; à l'ouest par le hameau de Roubin et la métairie de Loubezeau ; au sud et à l'est par les terres de M. d'Aignan, le hameau d'Empitrac et le chemin communal.

Créance de ma sœur.

Sur cette propriété et en vertu de ce même acte je devais à ma sœur sa part matrimoniale.

Acquisition d'Enhourre.

Antérieurement à ce partage et du vivant de ma mère, j'avais acquis en tout ou en partie des terres adjacentes à la métairie, lieu dit Enhourre, pour le prix de 14,000 fr. environ, pour faciliter, par cette acquisition, l'établissement d'un chemin carrossable dont jusqu'alors cette contrée avait été dépourvue et qu'elle n'aurait jamais pu réaliser sans ce moyen.

Acte Fribour de 5,000 francs.

L'acte d'acquisition Fribour de 5.000 fr. fut passé au nom de mon frère, quoique j'en eusse donné les fonds, mais j'avais donné aussi mon consentement.

Opinions diverses.

La valeur de mes terres dépassait le montant de ma dot. Ainsi en devenant propriétaire je devins débitrice de ma sœur d'abord, je contractai des dettes.

Plusieurs personnes m'on dit que ce jour-là je fis une mauvaise opération. Ce sentiment me parut contestable, car je prétends qu'en devenant propriétaire d'Embarrousse, c'était la meilleure opération qu'en cette occasion je pusse faire. Or, en voici l'explication :

En combinaison de partage, mon frère avait dit : « Je garderai Embarousse pour moi, je paierai la part d'Anonciade, je ferai des rentes à Marie. » Il avait dit encore : « Marie et moi nous garderons Embarousse, j'en aurai l'administration, et je donnerai à Marie sa part de revenu. » Il a fait d'autres propositions analogues, c'est-à-dire qui ne mentionnent que des revenus ou des rentes, qui indiquent fort bien qu'il n'a jamais voulu me donner ma dot. Il voulait la garder devers lui, cette dot, et en dissimuler le capital peur mieux réduire le revenu ; en arriver enfin à n'avoir de son côté rien à me donner, du mien, rien à prétendre. Il suivait en cela l'impulsion que lui avait donnée ma mère. Elle a dit si souvent à son fils : Marie ne se mariera jamais, aussi faut-il qu'elle reste avec toi dans la maison paternelle et sa dot avec elle. Et combien de fois n'a-t-elle pas dit à moi-même : « Ne voulant pas te marier, ton devoir est de rester avec ton frère. — Une femme seule ne signifie rien. — Ton frère te fera des rentes d'ailleurs, ta dot ne doit pas sortir de la maison. »

Ainsi il était dit et arrêté que ma dot ne devait pas sortir de la maison. Voilà le principe, la racine de cette affaire et d'où découlent tous mes malheurs.

Telle était ma situation à l'époque du dernier partage, et comme je m'étais affirmée et que ma vie privée devenait le garant de la vie future et publique à laquelle je me sentais conviée et mon tempérament, exigeait le grand air de la campagne, je me déterminai vers l'entière propriété, pour me soustraire ainsi aux prétentions ridicules dissimulées par mon frère et faire prévaloir mon droit, ma dignité humaine.

Propos menaçants.

Mais quand il fallut signer l'acte qui m'attribuait cette propriété, mon frère me dit : «tu veux la métairie d'Embarousse? Souviens-toi que tu la paieras cher», et même il ne voulait pas laisser enregistrer cet acte de partage, il le voulait sous seing privé.

L'acte enregistré me rendit propriétaire par droit et me promit main forte. Il nous reste à savoir si, par le fait, j'ai été propriétaire et qu'elle est la puissance que j'ai pu invoquer.

Procès D'Aignan

Il existait à cette époque des contestations de voisinage

entre ma mère et M. D'A......... d'E......... Devenue propriétaire d'Embarousse, ce dernier m'intenta un procès et pour vider nos différends, le tribunal nomma M. R........, de P......, en qualité d'arbitre.

Ordre de vendre.

Ainsi, j'attendais la solution de ce procès pour restreindre mes limites territoriales; mais comme il fut traîné, ce procès, à mon grand déplaisir et contre mon attente, voulant me libérer au plus tôt, sans plus de retard, je donnai à ce même expert le pouvoir de vendre mes terres de Roubin et d'Enhourre. La lettre que j'écrivis à ce propos, à M. R........, de P......, doit être du mois de mai 1863.

A trois ans de date, du jugement qui nommait M. R..... pour arbitre dans le procès D'A......., et à deux des pouvoirs que je lui avais donnés de vendre mes terres éloignées, l'expert n'avait rien vendu et le procès demeurait stationnaire. Cette conduite me donna fort à penser; elle me décida à vendre par moi-même mes terres éparses.

Durant ce laps de temps, j'avais remanié ma propriété de fond en comble et j'obtenais d'heureux résultats, qui fixèrent l'attention de plusieurs agriculteurs en renom. Quelques-uns en devinrent jaloux; ils firent la critique et se posèrent en adversaires. De tous ceux-là, je dois le dire, le plus sérieux et le plus dangereux a de tout temps été mon frère; et puis, n'ayant pas le talent de faire ces travaux sans bras et sans argent, fatalement j'eus recours au crédit, incident que mon frère a saisi pour en venir où nous en sommes,

Privilége d'hypothèque.

Dans les premiers mois de l'année 1865, je fus mandée chez M. C....., mon principal créditeur, malade à cette époque; M. L......... son gendre, s'interposa, il exigea une hypothèque sur tous mes biens pour garantir ma dette envers lui, et je ne l'aurais jamais accordée, sans les pressantes sollicitations de M. B......., notaire, qui m'assura que cen'était qu'une simple formalité, tandis qu'il connaissait fort bien la créance de ma sœur, lui qui en avait retenu l'acte.

Néanmoins je fis part de cet incident à mon frère, parce qu'il était mon créancier dabord, et pour ménager ensuite l'influence fâcheuse qu'il exerçait à mon, égard avec forfanterie, hélas ! depuis longtemps. Je lui fis aussi le détail de ma dette et, comme gage, Embarousse était bien plus que suffisant.

Moi, me dit-il, j'ai besoin pour m'en convaincre de vérifier tous tes papiers, va les chercher.

Je reviens donc le lendemain, chez lui, porteuse de tous mes papiers, que je déposai sur la table et puis, après les avoir examinés, il me dit : je te vois de confie, car pour ma part, ne devrais-je que dix mille francs chez un banquier, que ma ruine en serait assurée ! J'eus beau donner preuve sur preuve du contraire, tout fut inutile et j'eus enfin la maladresse de déclarer sur mes fonds secrets une somme disponible de 6 mille francs, laquelle somme pouvait me servir à plus d'une éventualité ? Je reconnus à sa physionomie, mais trop tard, que mon ingénuité allait lui servir d'appat. — Tu n'as qu'une chose à faire, me dit-il : ne pas sortir. Annonciade aura son hypothèque au second rang, tandis que les autres seront au dernier, mais je t'assure que les derniers inscrits seront furieux contre toi.

Puisque le gage est plus que suffisant, à quoi sert tout cela, si non à augmenter la dette par les frais et à provoquer la panique ? — Il le faut, et malgré tes raisons, tu ne sortiras de chez moi, qu'après inscriptions prises.

Bon gré, mal gré, il fallut se résoudre. Il sempara des papiers relatifs à la maison Claireau, ceux de la maison Pelletigue, de la reconnaissance Fribour, et sortit, puis revint, posa sur la table de son salon des traites garnies. — « Signe, me dit-il, c'est pour moi, je les garde; tu me dois, je me couvre en y joignant l'acquisition Fribour dont je réclame l'acte; ainsi il devient inutile de divulguer cette dette.— Mais sans argent, comment continuer les affaires? signe, te dis-je, cela me regarde.

Ce ton ne souffrait pas de réplique. Le soir, à la nuit clôse, M. B........ se rendit chez mon frère où j'etais sequestrée : là on me fit signer 4 billets de 1000 fr. pour la maison B. P..........., deux autres lettres de change de 1000 fr. sous le prétexte que celles consenties à R........ et à L....... devaient être renouvelées, puis l'acte des dernières hypothèques, enfin la procuration en minute en faveur de mon frère.

PROCURATION

« Par procuration, devant Me B...... D......, notaire à A...., la demoiselle Marie Lamarque donne pouvoir à Monsieur L........ son frère de, pour elle et en son nom, régir, gérer, gouverner et administrer tous ses biens, droits et affaires, louer et affermer à telles personnes et aux prix, charges, clauses et conditions qu'il avisera, tout ou partie de ses biens, meubles et immeubles, dans quelles concurrences ou quels lieux qu'ils soient situés, vendre, soit en bloc, soit en détail, à telles personnes et tels prix, charges, clauses et conditions qu'il entendra, tout ou partie des biens, meubles et immeubles qu'elle possède, dans quelle concurrence que ce soit, notamment dans celle d'Auch, quartier d'Embarousse, consistant, les immeubles, en maison d'habitation et d'exploitation, jardins, champs, pâtus, prés, vignes, bois et incultes.

» Echanger lesdits biens en tout ou en partie, fixer toutes soultes, vendre de même les biens pris en échange, les réclamer de nouveau et indéfiniment, vendre de même les biens pris à titre d'échange, fixer l'époque d'entrée en jouissance, du mode et des termes du paiement, du prix, le recevoir en principal et intérêts et autres accessoires, ainsi que toutes soultes d'échange, en donner quittance, ou en consentir la délégation aux créanciers inscrits, ou autres de la constituante, jusqu'à concurrence des sommes qui peuvent leur être dues, toucher aussi tous loyers, fermages et autres revenus.

» Employer toutes sommes reçues à les payer. Entendre, débattre, clore et arrêter tous comptes, et fixer les reliquats, reconnaître la sincérité de toutes dettes dûment constatées.

» Emprunter toutes sommes suffisantes pour les acquitter en principal et accessoires, fournir toutes affectations hypothècaires, se faire consentir par qui il voudra, telles ouvertures de crédit qu'il jugera convenables à l'effet de les acquitter. Souscrire en conséquence, au profit des créditeurs, des billets à ordre, lettres de change, traites et mandats à concurrence des sommes qui sortiront de leur caisse, ou bien tirer sur eux, jusqu'à épuisement du crédit.

» Assister à toutes assemblées de créanciers, représenter la constituante dans tous les ordres et distributions qui pourront être faites du prix desdites ventes, produire tous titres et pièces. De toutes sommes reçues ou payées, fournir et retirer quittance et décharge valables, consentir mention, cession et subrogation. Sans garantie, renoncer à tous privilèges, hypothèques, actions, résolutions et actions quelconques, donner main levée de toutes inscriptions, saisies, opposition, et autres empêchements.

» En cas de difficultés et à défaut de paiement de la part de qui que ce soit, exercer toutes poursuites, contraintes et diligences nécessaires, faire tous commandements et sommations, citer et paraître, tant en demandant qu'en défendant, devant tous juges de paix et tribunaux compétents, s'y concilier, s'y faire lever, signifier et exécuter, par toutes voies et moyens de droit, faire procéder à toutes saisies mobilières et immobilières, conférer le pouvoir spécial nécessaire pour faire les saisies immobilières à tous huissiers. Produire à tous ordres, distributions et contributions, en toucher le montant et faire procéder à toutes saisies, arrêts, oppositions, les faire valider.

» Aux effets ci-dessus, passer et signer tout acte, élire domicile, substituer et généralement faire le nécessaire.»

Ces pouvoirs, comme vous le voyez, sont des plus étendus. Tout avait été arrangé, commandé, rédigé à mon insu, par ordre de mon frére. Les six lettres de change, ainsi que les deux titres, furent successivement placés sous ma main par les soins du notaire. Je signai ces valeurs et ces titres comme j'avais signé les sept premières lettres de change, sous la même pression et la même puissance, autant audacieuse que passionnée, qui remontaient à plus d'un jour, à des années.

Mais quand je pus franchir le seuil de cette demeure, où jusqu'à ce jour à jamais regrettable, je m'étais crue en sécurité, je respirai enfin, tant le sequestre et la violence du matin et du soir m'avaient irritée, suffoquée, bouleversée. J'eus bientôt parcouru les six ou sept kilomètres qui me ramenaient à Embarousse; non sans penser aux manières chevaleresques dont ont venait de me traiter. Je ne voyais que portes fermées, visages sévères, papiers timbrés, ou les 12,400 francs qu'on m'avait fait souscrire, l'abdication de mes pouvoirs qu'on avait exigée en faveur de ce forcené capable, après ce coup, de tout oser et de tout faire.

Quelques personnes me font le reproche de n'avoir pas, au moment même, porté mes plaintes au parquet. C'est alors, disent-elles, que je devais agir. Moi, qui savais ce que sont en général les hommes, ce qu'en leur main peuvent valoir les choses, n'ayant d'autre recommandation que celle d'une bonne conduite, hélas! c'est peu de chose en regard de certains personnages; m'aurait-t-on écoutée, moi ? J'en ai douté. Qui allait m'appuyer ? A coup sûr ce n'eut pas été les complices, et qu'attendre de ceux qui ont reçu de vous quelques bienfaits. Heureux, quand de ceux-là on peut en échapper avec quelque ironie.

Croyez que j'avais su compter mon monde, et que j'étais quasi certaine qu'on n'aurait pas voulu me croire, mais j'aurais été suspectée, j'aurais encouru le danger d'être bel et bien enfermée à la maison des fous. A n'en juger que par cette conduite, par les propos que depuis lors on veut bien tenir sur mon compte, par les refus, la malveillance, qu'en toute occasion je rencontre, tout me prouve et tout me démontre qu'on ne veut en finir que de cette façon courtoise. Je pourrai à l'appui citer d'autres exemples.

Ainsi, je me suis abstenue par dignité et par prudence; je sais, quand il le faut, me modérer et même attendre. Aujourd'hui j'aurai d'autres attestations et des preuves irrécusables. Je pourrai dire en outre, quels sont les talents cultivés par mon frère; que celui de capter les esprits, quand il sait qu'il pourra me nuire, est devenu son favori, depuis certaine date : pourquoi ne pas vous en donner une preuve entre mille ?

Dès le début de cette affaire, le prêt que m'avaient fait mes créanciers n'était pas compromis, la vraie situation n'offrait de danger pour personne, tous les intéressés le savaient bien. Comment s'expliquer alors, que parmi ces derniers, une coalition se soit formée pour m'enlever d'urgence tous les moyens de gérer mes affaires ? ils voulurent m'en éloigner à tout jamais, prétextant que j'avais follement dépensé en cultivant mes terres, quelles sont à peu près marâtres, absorbant tout ne donnant rien... Pourquoi tant de rumeurs, si grands tapages? Qui les fomentait et qui si bien les renseignait? Dans quelles vues? L'instigateur, l'agitateur de toutes ces prouesses c'est mon frère, je n'en connais pas d'autres qui se soient, comme lui, savamment déguisés pour en avoir tout le profit.

Ainsi, c'est sans raison, par influence et parti pris qu'ils ont jeté l'alarme, paralysé mes mouvements, donné à mes affaires une mauvaise impulsion, facilité les menées ambitieuses de mon antagoniste, qui, sans d'autres égards, ni sans plus de scrupule, voulait à peu près tout pour lui.

Cette conduite inqualifiable pourra ne pas nuire à moi seule, mais compromettre du même coup le prêt de tous ces complaisaisants. Qu'auront-ils à me reprocher? Eux, qui en obéissant au mensonge et au caprice intéressé, m'ont condamnée au silence, réduite à la misère, plongée dans l'inertie? C'est qu'en dépit de cause, je m'en prendrai à ceux là même, je leur ferai faire en public leur *meâ maximâ culpâ.*

J'ai emprunté et d'abord est-ce un tort? Si ce n'est pas un tort, c'est toujours un danger, du moins, c'est le prétexte que j'ai fourni, et dont on se sert à merveille pour m'obséder, me pressurer, me diffamer. J'ai dépensé et quel mal en cela, quand les résultats sont manifestes et qu'ils contrebalencent la dépense? A-t-on voulu s'en assurer? Le permet-on encore?

On voulait, je le sais, me ménager une vie moins active et moins isolée, me procurer la tranquilité, le repos, l'urbanité qui convient à mon rang, à mon âge, à mon sexe.... En vérité, cette sollicitude, à cet endroil, avait quelque chose qui tenait un peu trop de la parcimonie pour que mon esprit ne s'en préoccupât à son tour. Qui sait si depuis mon absence on s'est enquis avec le même soin de mon existence? Plus d'une fois, j'ai dû croire que non ; et en cela a-t-on mieux fait? Les apparences n'étant pas écartées, ni les intérêts séparés, ni les esprits bien éclairés, le blâme a dû rester sur moi; il sert encore à m'opprimer, à me contraindre sans fondement, sans raison, comme sans pudeur et sans frein.

Voilà ce que font les hommes, s'ils sont prédominants, passionnés ou pervers? Et à leur exemple, voilà ce que fait le monde? J'étais canonisée la veille, profanée le lendemain. Oh! mobilité des choses humaines... Aujourd'hui je n'ai plus aucune des douceurs qui charmaient, embellissaient ma vie, et dont j'étais si fière, je n'ai pas même la liberté de mes actions!!! Aussi, cette journée de mon histoire l'appellerai-je à plus d'un titre néfaste... Qu'elle nuit, celle qui succéda à ces scènes brutales, j'ajouterai qu'elle semaine! Parmi tant d'incidents, la narration d'un seul suffira pour vous donner l'idée de ce qu'elle a pu être et comment j'ai dû la passer.

A cette date, 10 avril 1865, j'étais marguillière, à l'église cathédrale, de la chapelle du Saint-Sépulcre, depuis plus de trente ans. Le monument du Jeudi Saint devait se faire dans cette chapelle parcequ'elle représente le tombeau de N. S. J.-C., œuvre d'art, d'une beauté grave, splendide et de circonstance; dès lors ce soin me revenait. Nous étions au mercredi 12 du courant et veille du Jeudi Saint. Je n'avais pas encore à ce sujet reçu des ordres. Etait-ce par oubli ou scrupule qu'on s'abstenait? Je l'ignore. Toujours est-il que cette réserve me fit supposer que ce qui se disait de mes affaires devait être parvenu aux oreilles de l'autorité compétente, et que pour éviter ma présence au saint lieu, elle se condamnait au silence, elle se tenait à l'écart. De mon côté, déjà suffisamment tourmentée, assez humiliée, honteuse et ne voulant scandaliser personne, ni mettre obstacle aux cérémonies sacrées, je pris à l'instant même le parti de quitter immédiatement la ville. En conséquence je fus trouver la sœur Barbé de l'Annonciation, pour lui dire que des circonstances indépendantes de ma volonté m'obligeaient à faire un voyage; que n'ayant pas été informée qu'il fallut faire le monument, je n'avais pour cela rien préparé, et qu'il ne fallait plus songer sur mon concours. Le temps d'ailleurs ne m'appartenait plus. Je mis à sa disposition les objets nécessaires à l'appropriation de la chapelle, la laissant, pour ainsi dire, responsable du soin du monument.

Je partis ne sachant plus où m'abriter ni où me reposer, tant les événements venaient à l'improviste fondre sur moi, se suceédaient et s'acharnaient au point de ne plus me sentir le courage de vivre. J'avais réellement besoin de changer d'air. La voie ferrée, à cette époque, n'arrivait pas à Auch, ainsi je m'en allai et je restai en diligence durant tout son parcours, alors je pris le train comme j'avais pris la voiture, sans but déterminé. J'errai ainsi jusqu'à ce que j'entendis crier : Orléans ! Orléans, nous étions au Vendredi Saint, j'y fis halte, j'assistai à l'office, à l'adoration de la Croix, après cela, je revins prendre quelque nourriture à l'hôtel où j'étais descendue : ce fut peine perdue, mon estomac n'acceptait que l'eau froide depuis le lundi précédent. Ne pouvant obtenir de lui davantage, je revins à la basilique bien plus morte que vive. Dans cet état de défaillance, j'eus néanmonins la dévotion d'y faire le Chemin de la Croix.

Les préliminaires de ce pieux exercice achevés, je méditai le sujet de chaque station, dans la formule que voici en abrégé :

Jésus est condamné à mort.

Après avoir considéré l'injustice de la sentence, la condition relative de ceux qui la prononcent et du Juste qui la reçoit avec une soumission admirable, la foule qui se rue sur le Juste, l'insulte, le frappe et demande sa mort à grands cris... A mesure que j'entrais dans ces diverses considérations, je me sentais plus que jamais atteinte. Je voyais à l'envi, l'indignatiun planer aussi sur moi. J'entendais les clameurs populaires divulguer, accumuler, paraphraser mes faiblesses qui ne se trouvent ni parmi les frivolités, ni dans le bien-être de la vie. Ma folie, disait-t-on, était : vivre seule, isolée, dans un labeur austère, inoui, incessant ; semer l'argent sur la propriété, comme sur les terres prêtes on sème le froment. Tel, d'après certains dires, était mon crime et ma folie ! Alors j'ai vu tant d'âmes basses rechercher les rencontres et prolonger sur moi leurs entretiens, et pour donner à mes manières de malicieuses interprétations passer à mes côtés et repasser sans cesse. A ce moment, plus que jamais, j'éprouvai la révolte que cause en soi l'injustice des hommes, ainsi que leur mepris. Mais grâce à Jésus humilié, et grâce à ses mérites, je finis par tout subir et par tout accepter, résolue mais paisible,

Une femme pieuse essuie le visage de Jésus.

Bien chère Véronique, vous m'étiez tout à fait inconnue ce jour où je méditais sur l'héroïsme de cette sainte femme, sur son grand cœur, sur son généreux dévouement, et cependant, en relisant cette composition, je trouve dans les personnes et les choses une si grande analogie, depuis surtout que vous en avez pris le nom, que je me crois autorisée à la supprimer en entier. Je constate pourtant ces différences que vous êtes demoiselle et qu'en face du divin modèle je ne suis que néant ; en outre, pour qui n'a pas au cœur le sentiment de la reconnaissance, il doit suffire d'éprouver, ainsi que je l'éprouve, les bienfaits salutaires de vos soins merveilleux.

Unies de cœur comme de sentiments, je ne pourrais les taire. Et comment en parler sans blesser votre délicatesse ? Or, dans cette occurrence, j'aime autant n'en rien dire que de mal en parler, ou de laisser dans quelques esprits certaines défiances. Je dirai donc tout simplement que votre conduite à mon égard est en tout digne de Véronique.

Jésus rencontre sa très-sainte mère.

Quelle émotion et quel épanchement sublimes du fils et

de la mère se produisirent en chacun d'eux par leur regard simultané, et que de douleurs refoulées! Qui jamais pourra le concevoir!

Aprés cette heureuse rencontre et les affectueux sentiments qu'elle fait naître dans le cœur de celui qui aime et qui sent, je me permis de leur substituer d'autres personnes. Et je dis : Vous souvient-il, ma mère, d'avoir convoité pour vote fils la bonne fortune, et pour votre fille qu'elle soit sous la dépendance de son frère? Pauvre mère! vous n'aviez pas vu derrière cette dépendance la servitude sous la monstrueuse apparence de l'idole. En nous regardant du ciel sur la terre, dans l'état non pas tel que vous l'avez désiré, mais en voie d'être atteint, de cette hauteur, voyant clairement toutes ces choses, je doute fort que maintenant vous en soyez satisfaite. Priez Marie, il en est encore temps, de changer le cœur de mon frère; intéressez-là aussi à mon sort, montrez-vous notre mère en nous faisant arriver tous au ciel.

Sous la figure de SIMON DE CYRENNE, je retrouve mon père, lui qui m'avait prédit de grandes afflictions et de rudes épreuves; je les voyais s'accomplissant. — Il m'avait dit également qu'il n'y a point de vertu proprement dite et de bonheur par conséquent sans victoire remportée sur soi-même. Que ce qui ne coûtait rien ne valait rien. — Le bonheur, disait-il, dépend de l'âme, de l'esprit et du corps. Il dépend de l'âme par la vertu, du cœur par la bonté, de l'esprit par l'instruction, du corps par la tempérance. Aide-toi par tous ces moyens, ma fille, et tu seras heureuse, même dans le malheur.— A ses enseignements il ajoutait l'exemple, et je le recueillais, et je m'en repaissais, et je les savourais, ses enseignements, ses exemples, chers à mon cœur, délectables à mon âme.

De même, ajoutait-il, qu'un objet, dans l'ordre physique, ne peut en refléter un autre qu'autant qu'il peut répercuter la lumière, qu'il soit, en outre, dégagé d'obstacles et de souillures capables d'obstruer cette lumière, ou d'altérer l'objet qu'elle doit réfléchir, de même en est-il dans l'ordre des choses morales. Notre être qui s'éclaire des lumières de notre intelligence peut l'être aussi par le divin soleil, quand il est dans les conditions exigées; alors, l'une ou l'autre de ces lumières, répercutée en soi, reproduit par chacun de ses actes l'objet ou la chimère qui lui a plu de caresser. Cet acte, cette reproduction, cette conduite, en elle-meme, étant bonne ou mauvaise, s'appelle vice ou vertu. Et dans la régularité des choses, la vérité ne cède jamais au mensonge, ni l'équité au caprice, pas plus que le mérite à la cupidité. La vertu ne doit pas être sacrifiée au vice.

Chère amie, n'êtes-vous pas suffisamment informée que, si les sentiments de ma mère ont prévalu sur la conduite de mon frère, ceux de mon père ont prédominé sur la mienne. Et si je n'eusse pas connu mon pére, qui donc m'aurait appris qu'il n'y a rien qui rende fort comme l'indépendance acquise par le travail, le mérite, les soins? Aussi pour seconder ses vues, j'ai voulu vivre dans cette religieuse indépendance. Aurai-je à m'en glorifier? Ou faudra-t-il que je répudie ses enseignements, ses exemples dans le désespoir et la honte! O Jésus, vainqueur de la mort, votre triomphe m'est le garant que tôt ou tard le bien dominera le mal, la vertu s'imposera au vice, l'esprit à la matière; que la cause que je défends dominera un jour la crise que je traverse. Voilà en qui je place ma confiance, voilà en quoi je fonde mon espoir.

O Jésus, fils du Dieu de vie, qui, pour nous, vous êtes fait chair, mieux que jamais je comprends vos douleurs et je les apprécie. C'est pour le juste que vous vous condamnez à la souffrance, aux humiliations, aux terreurs; pour lui être un modèle, un appui, une force, pour que dans les angoisses ce juste ne défaille pas.

Mais je vous vois tomber, cela se peut-il bien! Vous

retombez encore et, chaque fois, je vous vois relever. Pour qui toutes ces chûtes? Ah ! c'est que le coupable n'aurait jamais pu de lui-même se relever. Plus que tout autre, il a besoin de votre secours, et ce secours il l'obtient quand il veut ; il n'a en tout qu'à suivre votre exemple. Le juste vous est cher, nous le savons; mais votre attrait pour le coupable est plus grand. Si votre amour se pèse au poids de vos souffrances, néamoins, pour l'un comme pour l'autre, vous avez dû mourir. Quel amour est comparable au vôtre !

Si mon adversaire songeait à ces choses, sa soif de l'or serait vite étanchée, sa haine assouvie, et mes tourments auraient bientôt fini. Mais non, il veut que tout ce que je dis ne soit que des chimères, de pures utopies. Il n'y a que lui, qui, en toutes choses, voit clair, si tant est qu'on puisse regarder quand on est plongé dans la vase. — Hé bien! fils de mon Dieu, si tel est mon destin, je vous suivrai avec amour, chargée du bois de mon supplice.

Jésus console les filles d'Israël qui le suivent.

Les filles d'Israël! c'est la jeunesse, la beauté, la candeur, l'innocence, la pudeur, la sainteté, ce sont ceux qui fuient le monde. Voilà ce qui lui fait cortége dans la voie du Calvaire. Voilà surtout ce qui lui plaît et la preuve c'est qu'il s'arrête pour les contempler malgré le poids qui semble l'écraser. Lui qui n'a rien dit à sa mère, leur parle, et leur ouvre son cœur : « Ne pleurez pas sur moi, mais pleurez sur vous-même, » c'est-à-dire, pleurez à cause de votre jeunesse, à cause de votre beauté, à cause de votre vertu, à cause de toutes vos richesses ; quoique toutes ces grandes et saintes choses ne soient pas le mal, c'est qu'elles servent de convoitises. Quel enseignement charitable! « Pleurez sur votre indigne patrie, » c'est-à-dire pour tous ceux qui ne comptent que par la force brute, qui méconnaissent Dieu ou blasphèment son nom sacré, qui profanent le jour qu'il s'est réservé, qui ne respectent plus ni la femme de leur meilleur ami, ni la fille de leur propre frère, ni la vigne de leur voisin, ni l'asile du propriétaire ; qui, de prédilection, se ruent sur la fille pudique, qu'ils croient, sans protection, pour ne pas lui laisser même des larmes pour pleurer.... Ce sont ceux-là qui attirent sur les nations aussi bien que sur les familles tous les fléaux du ciel, tous les courroux de Dieu. Voilà quels sont les maux qu'il veut que nous pleurions.

Faisant suite au cortége, j'eus la douce consolation de l'entendre me dire : Tu souffres, je le sais, parce que tu as de l'honneur, de la réputation, bon cœur et grand courage. Au regard de ton frère, tout cela, de ta part, lui devient des griefs, tu lui déplais et c'est pour cela qu'il te harcèle et veut t'anéantir, prends-y bien garde, car tout pour toi n'est pas fini.

Mais parce que tu m'attribues tous tes mérites, que tu es délaissée des tiens, que tu prends goût à mes exemples, je te viendrai en aide. Va, fais toujours de même.

Les filles d'Israël, ce sont mes bonnes, mes excellentes nièces que le malheur poursuit et trop souvent atteint, que la douleur accable, qui, en surcroît, m'ont vue partir à toute hâte et, à l'heure qu'il est, qui pense à moi, qui me sait où je suis, si ce n'est mes bons anges ? Oui, mes nièces étaient en esprit près de moi, dans l'église de Sainte-Croix d'Orléans, et comme moi, elles suivaient Jésus au Calvaire.

O aimable Jésus, vrai consolateur des âmes affligées, daignez jeter sur tous les hommes des regards de miséricorde; quant à mes nièces, regardez-les avec tendresse, accordez-leur quelqu'une de vos célestes consolations.

Arrivée à la dixième station, je m'arrête à chaque circonstance de cette scène du dépouillement, sans perdre de vue un seul objet. Ainsi le vêtement que portait Jésus de Nazareth était fait par sa mère, et dans le sens spirituel, qu'est-il, sinon les enseignements pieux, les saints exemples, suggérés par le père et transmis par la mère à son fils? Le nom de Dieu mille fois répété dès les premières heures, l'amour de la prière, l'intention pure, la charité pour le prochain. Cette vie humble et pleine rendait ce vêtement sans couture.

Vu de ce point moral, qu'elle était délicate dans son fini, cette tunique du fils de Dieu, ourdie par l'amour vierge! Comme elle devait s'harmoniser à toute sa personne, lui, le plus beau des enfants des hommes.

Ainsi le véritable amour maternel consiste à revêtir les fruits de ses entrailles de la tunique dont Marie avait recouvert Jésus, à inculquer de bonne heure à ses enfants, des principes d'ordre et de moralité, à leur donner en tout l'exemple des vertus, pour qu'ils aient foi en Dieu, confiance en l'Eglise, respect et amitié pour tous, pour qu'à l'âge viril ils portent cette robe aux couleurs éclatantes, et que leur âme soit parée du manteau de la grâce. Alors et seulement alors on pourra croire que la fille imitera Marie et que la vie du Sauveur servira de modèle au jeune homme. Il parlera la vérité tout comme lui, il n'agira qu'ave droiture, partisan de la fraternité, il ne fera à son semblable que ce qu'il veut qu'il lui soit fait, ami de la justice, sachant ce qui est à César et ce qui appartient à Dieu, il rendra à chacun tout ce qui lui revient. Grand en lui-même et prodigue en bienfaits, il multipliera ses richesses autour de lui aussi facilement que Jésus quand il multipliait les pains à la foule... Il est vrai que cette prééminence rendit César ennemi de Jésus, qu'elle le mit en butte à la haine des hommes. Faut-il après cela s'étonner que la vertu soit rare? Quand la cupidité a vendu notre Sauveur 30 deniers, la jalousie l'a sacrifié, l'envie l'a attaché à la colonne, l'insolence lui a craché au visage, l'injustice l'a flagellé, l'impiété l'a souffleté, le coupable l'a accusé, la lâcheté l'a condamné, l'orgueil l'a couronné d'épines, le mal originel l'a chargé de la croix. Voilà la perspective qu'a devant soi l'homme de bien.

Et de la part de l'impudique, oh ! c'est bien pire, il fait, lui, tout cela du même coup. L'impudique ne reconnaît ni beauté, ni sainteté, ni grandeur ni puissance, ou plutôt s'en voyant offusqué, il brave tout et s'en fait gloire. C'est l'impudique qui ose approcher de Jésus, du Juste par excellence, du Saint des Saints ! Il jette à terre sa couronne d'épines, lui arrache ses vêtements, à cet acte barbare, ses plaies, qui ne sont autre chose que le meurtre d'Abel, le massacre des Innocents, ses plaies, dis-je, cicatrisées au contact de sa blanche tunique, se rouvrent, s'étendent au point de ne faire de tout son corps qu'une seule et immense plaie; son sang ruisselle,ses chairs en lambeaux tombent; il ne le laisse, cet impudique, que quand il l'a totalement dépouillé, pour que ce juste, après avoir été la dérision des uns, devienne le scandale des autres. Voilà ce que fait l'impudique, pour une satisfaction toute gratuite mais personnelle. Quelle souffrance, quelle horreur et quelle ignominie !

Jésus dans cet état bouleversa mon cœur, mon âme, tout mon être. Un exemple aussi grand, un enseignement si profond m'avait changée totalement; l'ébranlement fut tel qu'il s'échappa de tous mes pores une sueur brûlante et ma tête lourde de larmes, s'inclina malgré elle vers les dalles qui bientôt en furent baignées, et je tombai en prostration.

Jusques alors il m'avait été impossible de me considérer dans l'état de dépouillement auquel j'étais réduite, tant cette idée me surmontait. Sitôt remise, j'établis sans efforts certains parallèles entre Jésus et moi. Je me vis trahie par mon frère, reniée de mes parents, conduite comme lui de Pilate à Caïffe, l'honneur perdu, le bien que j'avais pu faire englouti, les relations rompues, les amitiés brisées, tout dissipé ou en ruines ; je me vis arrachée à tout ce que j'avais, à tout ce que je suis, et à tout ce que j'aime ; plaies béantes qui depuis lors n'ont pas pu se cicatriser, et dans cette nudité absolue je devins haïssable à moi-même, ce qui m'indigna au-dessus de tout, c'est le dénigrement qu'on fait de la vertu, quand on n'a pas à révéler des hontes. Mon sang bouillonnait dans les veines, le cœur battait et n'y suffisait plus. Non, dans un cas pareil, il n'y a que la vue du Divin crucifié qui puisse en arrêter l'ardeur, en modérer le flux et le reflux.

Divin modèle, je suis, vous le voyez, attachée comme vous au gibet du supplice, et si les clous vous y retiennent, la procuration m'y garrotte. C'est qu'en perdant ma liberté, tout le reste m'échappe du même coup ou se trouve on ne peut plus compromis. Où désormais vais-je abriter ma dignité réelle, la vertu? Où le pain, où le toit, et où le vêtement, que devenir quand tout vous manque, quand tout vous fait défaut ? Oh ! si j'avais la puissance, j'aurais bientôt fait comme vous, rompu mes liens, brisé mes chaînes et triomphé de tous. Mais hélas ! je ne suis qu'une piètre femme, qu'un motif de mépris pour les hommes et qu'un atôme devant vous.

En quittant cette terre, vous, fils de Dieu fait chair pour sauver tous les hommes, vous n'avez pas pourtant laissé à la merci la vertu de votre sainte mère, vous l'avez abritée sous le toit de St-Jean. Et la mienne devrait-elle périr, juste ciel ! ah ! plutôt, faites-moi mourir. Mourir ici à cette place, me serait un grand bien ; oh oui, je préfère mourir, ou prenez-moi en protection.

La liberté des mouvements physiques est un bien périssable qui prouve notre fragile humanité, mais l'homme ne se résume pas à la matière, il est encore esprit et vie. En perdant la liberté de mes actions, je n'ai perdu momentanément qu'une fraction de ce tout qui est moi, qui dépend de moi et qui m'est propre. C'est mon bien, ma félicité, ma gloire, ma raison d'être. Domaine convoité qu'on cherche aussi à aliéner, mais qu'aucun mortel n'a le pouvoir de m'usurper, si ce n'est vous, bonté Divine, de qui elle émane et seul digne de toute suggestion.

Or, cette liberté de l'esprit et du cœur étant mienne, je veux qu'elle soit votre esclave, ô mon Dieu ! Que toutes mes pensées soient en vous et pour vous ! Tous mes désirs vers vous, tout mon amour pour vous, mais en retour il me faudrait le vôtre. Laissez-moi m'abriter, doux Jésus, dans votre cœur divin......

Ainsi, jour pour jour, heure pour heure, chacun de ces accidents, chacune de mes douleurs, chacune de mes tristesses, correspondaient uniformément à la passion du divin Rédempteur. Humiliations, délaissements, tristesses, rien n'y a manqué ; je puis dire, en un mot, que j'ai beaucoup souffert.

Mon *via crucis* terminé, je me trouvai bien soulagée, l'épanchement de ma douleur avait fait détendre mes nerfs, et mon âme s'était réconfortée à la faveur de l'oraison. Et le mardi de Pâques au soir, mes pieds se reposaient sur le seuil d'Embarousse d'où j'entendis cette conversation. « *Saben pas oun ey la dameysello ! que se* « *sera négado !* »

La dameysello quey assy.

Le désespoir n'est réservé qu'aux esprits en démence, étais-je dans ce cas ? — Je fis ma prière en commun, ainsi que j'ai de tout temps contracté l'habitude, et chacun revint à ses fonctions jusqu'à ce qu'il surgit de nouvelles entraves.

DÉNONCIATION DÉLOYALE,

Je voudrais constater ce que j'ai signalai plus haut qu'antérieurement aux faits dont je viens de parler, plusieurs esprits s'étaient offensés de mes aptitudes agricoles, et de ce qui s'y rattache.

De ce nombre quelques-uns dirigèrent contre mesefforts de formidables attaques. J'en ai les preuves sous la main, et veux me contenter, d'en citer une ouvertement déclarée par le président de la Société d'Agriculture de notre contrée, je lareproduis sans commentaire.

EMPIRE FRANÇAIS.

DÉPARTEMENT DU GERS, MAIRIE D'AUCH.

—

Auch, le 31 juillet 1860.

Mademoiselle.

« Il m'a été rapporté et j'ai fait constater par le conducteur voyer, que vous aviez fait curer le ruisseau d'Enhourre, et que vous aviez rejeté les terres provenant de ce curage sur le bord du chemin, où elles forment un cordon de plus de 30 mètres. Vous avez en outre rétabli à quelques mètres plus haut, la berge gauche du ruisseau, au moyen d'un clayonnage qui comprend trois barres de saules plantés par vos soins.

» Ces travaux constituent de votre part, une entreprise contraire aux droits de la commune, je vous invite, Mademoiselle, à faire enlever les terres déposées sur le chemin de Roubin et à faire arracher les trois barres de saules plantées trop près du chemin, ou à les receper au niveau du couronnement du clayonnage.

Vous devez avoir fait disparaître cette double contravention, au plus tard, huit jours après la réception de cette lettre, afin de ne pas m'obliger à faire usage contre vous, des moyens que la loi me donne.

» Agréez, Mademoiselle, l'assurance de ma parfaite considération.

Le Maire,
« PLANCHE, Adj.

» Auch, 5 Août 1860. »

Monsieur le Maire,

J'ai eu l'honneur de recevoir le 3 du courant, une lettre dans laquelle vous me menacez des rigueurs de la loi, pour une double contravention dont je me serais rendue coupable en faisant curer le ruisseau d'Enhourre, et en pratiquant un clayonnage le long du chemin de Roubin.

Ces faits dont je me reconnais l'auteur étant venus à votre connaissance, par suite de rapports dont je connais la source, et que je ne crains pas de qualifier de malveillants, je tiens à vous éclairer sur le mérite d'une pareille dénonciation. Voilà pourquoi je prends la liberté de répondre à votre lettre en vous remerciant tout d'abord de l'attention que vous avez eue de me faire connaitre le danger que je courais, sans en avoir le moindre pressentiment.

Il existe au Nord de la commune d'Auch, une portion de territoire à la distance de 6 à 7 kilomètres du chef-lieu, comprenant les hameaux de Roubin, d'Empitrac, du Tailladis et la propriété d'Embarousse, et d'une importance de 28 à 30 feux. Contrée à peu près déshéritée, et qui, depuis 20 ans au moins, n'a pas eu part aux ressources de la Commune, affectés à l'entretien des chemins.

Il suffit en effet, de parcourir le chemin de Roubin, qui dessert cette partie de la Commune, pour demeurer convaincu qu'il est resté dans l'oubli le plus complet.

Par suite de l'absence de tous travaux, les eaux y ont pratiqué des ravins profonds et les riverains se sont cru autorisés à diminuer la largeur de la route par des empiètements nombreux. Il est à remarquer que l'amour du bien public n'a jamais arraché un cri à mon dénonciateur. Il y a plus de 20 ans qu'un pareil état de chose dure, et le chemin en question est devenu tellement impraticable, je ne parle ici qu'en vue des besoins les plus urgents de l'agriculture, que les habitants de la contrée ont dû se procurer une autre voie pour transporter leur denrée au marché d'Auch. C'est pour arriver à ce résultat, et désespérant du reste d'attirer sur eux l'attention efficace de l'administration, que les intéressés se sont imposés les plus pénibles sacrifices, et qu'ils ont acheté, au moyen d'une cotisation, un chemin qui est devenu leur propriété privée. Les dépenses ont atteint le chiffre énorme de 2,000 francs.

Je puis fournir à cet égard des preuves authentiques. Le chemin dit d'Enhourre, étant la continuation de celui dont je viens de vous parler, vous comprenez, Monsieur le Maire, que nous sommes demeurés tous chargés de son entretien plutôt que de nous voir privés encore de tout débouché!

Ce simple exposé dont la vérité ne pourra être contestée par personne, vous mettra à même d'expliquer le motif de mes travaux incriminés.

J'ai dû recurer le ruisseau d'Enhourre par suite des dépôts de terre qui obstruaient le passage des eaux et le clayonnage que l'on me reproche, était devenu indispensable par suite d'éboulements de la route qui en diminuaient chaque jour la largeur.

En faisant ces travaux, je n'avais eu, vous le voyez, aucune intention coupable, vis-à-vis les droits de la commune.

J'admets que les ressources du budget ne vous permettent pas de vous occuper du chemin de Roubin, mais l'administration ne saura pas mauvais gré aux intéressés de faire leurs efforts pour se ménager le moyen d'exploiter leur propriété.

Vous me pardonnerez, Monsieur le Maire, d'être entrée dans ces détails que j'ai cru nécessaires pour détruire l'impression de la dénonciation dont on a voulu me rendre victime.

Je n'ai agi en faisant exécuter ces travaux, qu'en vue de l'entretien urgent d'un chemin qui est l'unique ressource de cette contrée. Du reste, j'ai le regret d'être obligée de qualifier en terminant, le procédé de mon dénonciateur.

Une pareille conduite de sa part n'a pu être dictée que par un sentiment tracassier et malveillant.

Il serait à désirer que la vérité devînt manifeste à vos yeux par un plus ample informé. Et pour ma part, je regretterais que l'autorité municipale se laissât entrainer dans des combinaisons mesquines et qui exclut, dans leur auteur, tout sentiment de *noblesse*, de *dignité* et de *justice*.

Je ne puis clore ma lettre, Monsieur le Maire, sans vous prier de jeter un regard bienveillant sur le chemin qui dessert la contrée de Roubin et d'Empitrac, et dont on ne vous a pas sans doute signalé l'existence.

Si tel était le résultat de ma lettre, on pourrait dire que dans cette circonstance, une dénonciation coupable aurait produit un grand bien, un acte de justice réparatrice.

C'est en nourrissant cet espoir que je vous prie d'agréer

Monsieur le Maire, l'expression de mes sentiments les plus distingués, et que j'ai l'honneur d'être votre très-humble et dévouée servante.

LAMARQUE (MARIE).

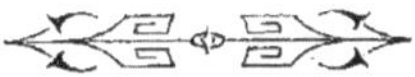

EMPIRE FRANÇAIS.

DÉPARTEMENT DU GERS, MAIRIE D'AUCH.

Le 31 Juillet 1861.

Mademoiselle,

J'ai fait examiner de nouveau le chemin de Roubin, passant par la Terrade, Cabandé, Epitrac et Embarousse.

Il résulte du rapport qui en a été fait que ce chemin exigerait d'assez grandes réparations par suite des dégradations qu'il a éprouvées, mais on n'y remarque pas d'empiètements de quelque importance de la part des riverains.

Pour que je puisse demander au Conseil municipal d'affecter quelques fonds à ces travaux, il faut d'abord que les propriétaires intéressés me fassent connaître la valeur de leur concours tant en argent qu'en prestation en nature; car vous n'ignorez pas que l'entretien des chemins ruraux est à la charge des habitants, qui y sont intéressés, la commune pouvant seulement les y aider.

Ayez donc la bonté de vous assurer, au moyen d'une souscription régulière, des ressources que les habitants consentiraient à réaliser et de me le faire parvenir.

Si en attendant, vous jugez à propos de faire exécuter à vos frais quelques travaux n'excédant pas les limites du chemin et ne changeant pas les pentes naturelles, l'administration n'y mettra pas obstacle et j'enverrai même, si vous le désirez, un cantonnier pour fournir quelques indications aux ouvriers que vous emploirez.

Agréez, Mademoiselle, l'assurance de ma considération distinguée.

Le Maire ,
DOISY.

Les dispositions de Monsieur le Maire, tournèrent à notre avantage, vous venez de le voir. C'était d'ailleurs justice et lui en sûmes gré. Tout en lui exprimant notre satisfaction et notre gratitude, nous mîmes à profit ses gracieuses offres.

Depuis cette époque, personne dans la contrée, ne s'est plus occupé de chemins, tout est resté en *statu quo*. Ah ! s'il m'était donné d'avoir, sur l'adversaire d'aujourd'hui, un succès aussi éclatant que sur celui que j'obtins de l'administration municipale, ce chemin n'aurait rien perdu à m'attendre. J'espère donc et pour lui et pour moi, j'espère, car je suis dans le vrai, et c'est le vrai qui tôt ou tard ramène vers le juste. Ainsi, je fonde mes espérances et je forme aussi des projets.

Dieu, veuille qu'ils ne soient pas vains ! Dieu permettra qu'ils ne soient pas illusoires.

VIVE ALTERCATION,

Peu de jours après l'investiture des pouvoirs ci-dessus mentionnés, le mandataire de rigueur se transporta à Embarousse où j'étais alors. Après lui, y arrivèrent deux individus, chargés par je ne sais qui, de loter la propriété pour la vendre. La seconde ou troisième fois que ces derniers y allèrent, je sus que l'un d'eux s'appelait D........... qu'il était marchand de biens. Il venait d'effectuer la vente à L....., A.........., d'une parcelle de terre qui longe le chemin communal, et le prix convenu entre eux était bien inférieur à celui que j'en avais trouvé déjà.

De là surgit une contestation ; nous échangeâmes entre mon frère et moi quelques paroles amères qui réveillèrent ses menaces faites à l'époque du dernier partage.

Il m'avait dit alors : « tu vœux la métairie d'Embarousse? Souviens-toi que tu la paieras cher. » Pour enchérir il ajoutait : «et depuis lors, combien de fois me suis-je vu molesté par l'infériorité de mes succès agricoles ! Dès maintenant, je t'apprendrais à dépasser les bornes... » Toi m'apprendre, avare d'enseignement ! Désapprendre te serait possible. Il ajoutait ensuite, « et cette somme de 1,000 francs dépensée en frais d'enregistrement pour l'acte de partage ! qu'elle folie ! surtout après de pareils résultats ! Cet argent, je le regretterai toute ma vie ! » — Je crois cela sans peine ; sans ce titre, tu serais depuis longtemps passé maître chez moi, non-seulement par fait, mais encore par droit. C'est cet acte qui te chagrine. J'avais donc bien raison d'insister pour avoir ce titre..... D'ailleurs, tu me poursuis depuis longtemps : mais c'est plus ; tu entraves aussi mes affaires ; tu enrayes toutes mes entreprises ; tu paralyses aussi mes travaux, mes transactions..... Après cela, est-il étonnant que je succombe ?

Pour appuyer ce que je dis, veux-tu que j'invoque tes souvenirs ?....

A qui attribuer les lenteurs de Monsieur R......, de Pavie ? Moi, qui le pressais vivement de vendre mes terres éparses ! Tu as dû lui dire : ma sœur vous tourmente pour vendre ! Laissez-là dire ; je ne vois rien de si pressé. D'ailleurs, c'est la manie des femmes de s'agiter beaucoup !....... Tu as dit cela et bien d'autres choses à l'occasion venue. N'est-ce pas toi qui as été cause que j'ai retardé mes plantations de vigne, en voulant me fournir des cépages ? Tu me les avais promis maintes fois, me les as-tu donnés ? Moi qui toujours ai cru à cette parole affirmée ! Moi qui comptais sur ces cépages !..... Compter sans eux, c'était compter deux fois. J'ai su depuis que tu voulais m'empêcher de planter et tu n'as cru rien de mieux à faire que d'accorder ta conduite avec ton sentiment, et sans scrupule, faire de ta parole métier et marchandise ! Il en est résulté que j'ai planté malgré toi sans aucun de tes cépages. Ce que tu as pu obtenir, je veux bien te le dire : depuis lors ta parole est pour moi sans valeur aucune ; je me trompe, elle est pour moi suspecte !..... Et quand je voulais vendre mes denrées, mes produits, que de difficultés à surmonter, si tu les savais en voie de commerce? Pour le vin, surtout, tu as toujours eu un blâme à décocher sur ma manière de faire. Il était ou louche ou piqué ! trop foncé ou trop clair ! la saison mal choisie, le prix trop bas, trop haut ! que sais-je encore ?..... De ces mille riens qui vous font un tort immense, irréparable très-souvent. Et qui plus est, tu as fait croire et tu persistes à faire croire que tu me favorises, tandis que tu agis contradictoirement à tous mes intérêts en dépit même du bon sens. Partout tu me tends des piéges ou tu creuses sous mes pas des précipices.

Et maintenant pour me finir plus vite et m'exploiter plus à ton aise, tu me places sous ta férule et tu imprimes à mes affaires un cachet alarmant. Est-ce loyal cela ? Oh ! sache bien que tes paroles et que tous tes méfaits auront du retentissement un jour!....

Si j'eusse agi plus librement je n'en serais pas où j'en suis ; je jouirais de mes travaux, car en cela mes succès sont des plus éclatants. Oui, maintenant, sans toi, sans tes machinations, je serais en pleine voie de prospérité. Mais après tout, et dans ce moment même, montre moi le danger ? Il n'y en aura que pour tes caprices.

J'ai dépensé fort à propos et je suis prête à le prouver.

Les travaux extraordinaires étant à peu près terminés, il n'y a plus qu'à diminuer le personnel et la propriété, ainsi que j'ai toujours voulu le faire. Oseras-tu dire le contraire ? Qui sait ? Cela fait, la dépense décroît, le revenu augmente dans la proportion de la valeur du sol amélioré. C'est une conséquence forcée, mais dont il faut savoir et *vouloir* tirer avantage.

La valeur du gage dépasse de beaucoup la dette. Mais si par influence et par tes partis pris tu pousses les choses en pire, cette valeur décroît du tout au rien. Tout dépend donc des procédés.

Tu veux tout vendre, et non pas moi ; surtout quand je peux garder et choisir. — Alors, je te conserverai la maison d'Empitrac, j'y adjoindrai Enhourre, et pourquoi ne pas te refugier à Buguet. (Buguet, est une métairie qui appartenait à mon père, qui au premier partage, est échue à mon frère). Qu'un sentiment égalitaire par apparat comme est le tien, car dans ton fond tu n'est qu'un autocrate, pour moi du moins, qu'il s'accomode de tout cela ou qu'il s'en félicite, ce dont je doute fort, mais enfin je l'admets; quant à moi, m'y condamner et m'y résoudre ! Me trouver à Enhourre et de là dominée par Embarousse, et Embarousse, habité, cultivé par des étrangers ! Oh ! non jamais !..... Mon cœur, mon œil croirait toujours y voir, y retrouver ma mère, mes aïeux !..... à Buguet, sous ce propriétaire, j'y serais prisonnière !..... Va cruel !... Que t'importent après tout mes affaires ? Tu n'as des droits ici que comme créancier, tu es couvert, qu'as-tu à réclamer ? Pourquoi viens-tu, sinon pour me fronder, et m'évincer !.... La vente de D.... je la déclare nulle et s'il m'était possible, j'annullerais aussi tes pouvoirs usurpés. Car pour justifier ton mépris et ta haine, tu fais croire de ma part à des extravagances; tu pourrais arriver ainsi à me déposséder impunément et faire servir à ton profit et à tes jouissances, jusqu'à satiété de rage et de dépit, mes sueurs, mes privations, et mes larmes; donner ainsi plus d'amertume à mes souffrances et à mes malheurs.

Voilà ce que je crains, ce que j'attends, de tes hostiles machinations et ce qu'humainement je ne te pardonnerai pas.

Vente annulée par Mlle L......

Le lendemain ramena le marchand de biens, ainsi que mon frère. D..., veut que sa vente soit faite. Et moi, qu'elle ne le soit pas... Sinon, il s'en va... qu'il s'en aille, et que ce soit dit une fois. — Il est parti..... En voilà de belles choses..... à cause de ta mauvaise tête... — C'est possible... C'est plus que possible, quand c'est de notoriété... Je te comprends, tu veux en venir à me la brosser cette tête! Cela dépend, non seulement de toi, mais de moi, tu l'entends... Les femmes, les femmes — Et laisse les femmes ce qu'elles sont, surtout quand elles te laissent en repos, car j'ai dû te dire, assez souvent, que tu m'étais un grand supplice, surtout quand sur moi tu n'as aucun droit. Chef d'un parti qui veut que l'homme soit tout, et que la femme ne soit rien, essaie sur moi cette réforme.— Et pourquoi pas!... que vas tu faire maintenant? — Cela ne te regardes pas! — Tes créanciers vont te tomber dessus, l'expropriation s'en suivra et ce sera pour nous tous, passablement honorable. — C'est toi plutôt, qui contre moi feras ces choses. Les créanciers!... mais je serais bien aise de traiter directement avec eux, je serais assurée d'être plus écoutée et beaucoup mieux servie. Or, tu le sais si bien que tu prendras le soin de m'en tenir à certaine distance.

Voilà ce qu'est la liberté et ce qu'elle devient entre les mains des progressistes rétrogades dont tu es grand champion. Elle consiste à tenir dans les liens, sous les fers, tous ceux qui vous résistent. Moi, qui ai le malheur de ne pas t'applaudir, tu te donnes le singulier plaisir de bien me lacérer à ton aise, avec l'aplomb de l'honnête homme, sous les attraits d'une bonté qui n'est plus dans ton cœur. Tu es habile, ah! oui, nous le savons, tu excelles dans l'art qui opprime, et je suis ta victime immolée en public. O honte ! O infamie !

Droit des gens.

C'est ainsi que nous nous chamaillons, que nous nous combattons sans nous céder en rien, tant nous savons ce que nous sommes et ce que nous pouvons. Oui, je me sais née libre, issue du même sang et de même origine, la seule différence s'établit entre nous par nos actes. Nos actions nous mettent en contre-poids l'un de l'autre ; je me crois supérieure à lui en conduite quoique son égale en principe.

Ces sentiments ne me sont nullement personnels, ils se trouvent fort heureusement insérés dans la législation française, qui veut que, pour tous ceux de sa nation, les devoirs et les droits soient les mêmes. Elle le veut si bien, que son honneur rend la justice solidaire du droit commun, tout comme le devoir rend chacun responsable des actes qu'il accomplit librement. De là il suit que la justice est responsable des actes de violence exercés sur moi et qu'il connaît, puisque je lui ai adressé mes plaintes. Que cette atteinte portée à mon droit, à mon honneur, comme à ma liberté, demandent à être réprimés au plus vite! Je ne mérite pas d'être la victime de méchantes actions, ma dignité ne peut même pas le permettre, s'il est vrai que j'ai ma raison d'être. Et je n'abdiquerai jamais ce droit, pas plus que ce devoir, tant que j'en comprendrai la grandeur l'importance. Le droit proclame notre indépendance, et le devoir rempli démontre notre grandeur réelle. Se les laisser ravir sans protester et sans se plaindre, prouverait combien tout en nous est languissant, timide et de peu de valeur. Par bonheur, nous nous souvenons de ce que tout cela nous coûte.

Désormais loin de moi toute hésitation, toute crainte, toute honte ou toute fiction, je réclame et je réclamerai jusqu'à exécution le contrôle de cette conduite tenue à mon égard, pour arriver au libre exercice de ma propre conduite. Je ne veux pas vivre d'aumônes ni de larcins, je dois vivre de moi, de ce qui m'appartient. Quoi de plus légitime ?

Ainsi, je ne demande que ce qui me revient, protection et justice; c'est tout ce qu'il me faut; c'est tout ce que j'exige

Antagonisme.

L'antagonisme existait entre nous, pouvait-il en être autrement? Nous essayâmes plusieurs fois de nous dégager l'un de l'autre, moi de sa funeste tyrannie, et lui de ma personne. J'échouai, cela va sans dire, et lui, comme toujours, réussit. Alors plus que jamais je fus traquée de toute part comme une bête fauve et tourmentée en mille manières : tantôt par des réclames controuvées, par des étrangers mal séants M... le charcutier, en allant retirer un animal à Embarrousse; tantôt favorisant des détenteurs hauts de scrupules, D... le tourneur, par exemple; par des nécessités combattues, refusées, qui m'obligèrent à recourir à des voisins pour rentrer mes récoltes, et à devenir la gardeuse de mes animaux; et dans mon intérieur je trouvais aussi le félon. Qui croirait que celui qui se dit mon ami, mon *bon* frère fut en ce temps à Embarrousse, en compagnie, par exception, dans le dessein de s'assurer de cette mise en scène, moi, dans la plaine, faisant paccager mes bestiaux! Couple heureux! Oh! comme il dut jouir en montrant ce tableau à leur fille Hélène! Et de toutes ces choses, ainsi que de tant d'autres,, grand Dieu que j'ai souffert!

Demande d'un lot de terre pour 3,000 francs.

Sur ces entrefaites, M. R... de Pavie fut à Embarrousse. Il me demanda en présence de mon frère le champ du pigeonnier et l'enclave, pour la somme de 3,000 fr. Je repoussai ce prix parce que, relativement à la parcelle, il est en effet dérisoire.

Intérêts de la maison C....

Je tenais en réserve le montant des intérêts pour la maison C........., dont l'échéance, d'après mes souvenirs, devait être à fin juin. J'exprimai tout naturellement le désir de me libérer; mon frère, toujours attentif aux moindres de mes mouvements, pour les neutraliser, prétendit que l'échéance avait été transposée à l'époque du renouvellement des effets, 5 avril, qu'elle en avait la même date, ce qui la retardait de quelques mois. Ne pouvant pas vérifier les titres, puisqu'il s'en était emparé, je dus m'en rapporter à sa parole ; je disposai de cet argent pour autre chose. Cette distribution ne fut pas plutôt terminée, que la maison C..... vint réclamer ses intérêts, l'échéance avait été respectée.

Eh bien! que dire de notre homme! C'est celui-là qui, sciemment, me trompe. Comment me procurer d'autre argent? J'ai bien des provisions, mais il s'en est donné la surveillance et l'exerce en vrai cannibale. Quand même cet argent eut été en mes mains, pouvais-je me promettre de le faire agréer? O non, mille fois non. J'en ai la preuve fort à propos.

Intérêt à la maison P.......

Quelque temps après, je déposai entre les mains de M. le notaire, pour remettre à MM. B... P... le montant des intérêts qui n'étaient pas encore échus. Je le priai de réclamer en même temps auprès de ces messieurs une audience pour moi.

Deux ou trois jours après, je revins chercher la susdite réponse que voici: M. B... m'a dit qu'il ne veut pas vous recevoir, qu'il vous refuse tout délai, toute proposition possible. Il veut être intégralement payé, et tout de suite. C'est-à-dire que si vous remboursez aujourd'hui un billet de 2,000 fr., demain il en fera protester un autre. Il veut agir de la sorte jusqu'à extinction de sa dette, et comme preuve, il n'a pas voulu recevoir les intérêts, votre argent est ici, je vous le rends.

Ce refus et ce mauvais vouloir pouvaient bien être la conséquence des priviléges accordés aux autres créanciers, et que l'on m'attribue. Néanmoins. il me parut assez singulier qu'ils me fissent rendre le numéraire. J'acceptai cette réponse sans insistance, sans réplique, sans toutefois la croire véridique, et je m'en retournai confuse et désappointée comme toujours.

Impossibilité de se libérer, même avec son argent.

Qui donc a jamais vu des créanciers refuser leur paiement? Qui, disais-je à moi-même. A mon égard, ce fait est bien certain, dès lors fatalement, ce système menteur doit nécessairement fonctionner à merveille ; il ne peut être que le corollaire du fameux parti pris. Embarrousse que mon adversaire prétend garder pour lui, Embarrousse que je vais payer cher, payer avec la honte de la dépendance, l'infamant de l'expropriation, tandis que mon usurpateur se pavanera aux dépens de mes créanciers et aux miens, n'est-ce pas révoltant ?

Et moi qui ai conscience de mes dettes et qui ai plus de valeurs qu'il ne m'en faut, pour me libérer, comment faire puisque l'argent qui sort de mes mains m' est refusé de toute part et que je suis de partout repoussée ? Assurément l'innovateur de, toutes ces merveilles, après de tels exploits, ne peut même pas le permettre.

Convaincue de sa duplicité et de tout ce qu'il est, sa volonté omnipotente ne le voudra jamais, et dans cette attitude sévère lequel interroger, qui croire et comment se faire écouter, quel faudra-t-il intercéder, avec la chance d'un succès quelconque ? Comment calmer tant de fureurs, et comment s'y soustraire, quand tout le favorise, qu'on l'approuve et qu'on l'admire ?

Grand Dieu dans quelles mains me suis-je vue !

Pouvoirs donnés par M. L........ à M. M....

Après le départ de D... j'avais prié et sollicité M. M.... de l'oratoire de se charger, non seulement de vendre une partie d'Embarrousse, mais encore et surtout de se charger de mon mandat. Celui-ci comme tous les autres, stimulé par cette influence pernicieuse, ne voulut pas de mon mandat. Il m'objecta que cette charge allait mieux et comme de plein droit à mon frère.

Je sais que la position sociale qu'occupe ici mon frère, jointe à l'estime que lui a léguée mon père, suffisent pour tenir les esprits et mes droits en suspens. Elles me mettent dans l'impuissance de réclamer les uns ni d'aborder les autres — jusqu'à présent. Je dirai néanmoins qu'il fait de cette grande estime un merveilleux usage. Il ne s'en sert vous le voyez que pour assumer sur sa tête une immense responsabilité. Quoi qu'on en dise, je tiens à mon frère bien plus qu'on ne le croit, et plus qu'il ne mérite, car jamais il n'est entré dans ma pensée de le flétrir en quoi que ce soit. ainsi qu'il est entré pour moi dans la sienne. Si du moins après ces quelques entraînements il se fut arrêté à cette première étape, tout serait arrangé. Mais le sophiste ne le comprend pas de la sorte, n'agissant que d'après sa doctrine, il croit lui faire mieux en poussant les choses au pire. Va toujours et progresse dans cette conflagration fraternelle.

Toujours est-il que le pouvoir de vendre donné à M. M...... est signée par mon frère, lui, qui n'a qu'un pouvoi usurpé. Je place sous vos yeux et à la suite deux lettres pour que la seconde soit une attestation de plus.

Auch, le 1er novembre 1865.

Mademoiselle Lamarque,

« Je viens vous informer que le bruit se propage en ville que les banquiers vont faire protester vos effets; je m'en suis informé, j'en ai acquis la certitude; de cela, il ne peut en résulter qu'une expropriation ! Opération très onéreuse pour les derniers créanciers et très désagréable pour vous, car, si votre propriété produit, en la vendant de gré à gré une somme de 80,000 fr., il est probable qu'étant expropriée, elle ne produise pas 60,000 fr. Or, il est de votre intérêt et de votre dignité, d'éviter tant ce désagrément que ce déficit. — Pour cela faire, vous n'avez qu'un parti à suivre, c'est de convoquer vos créanciers; de leur abandonner vos biens, les supplier de les faire vendre et en attendant de les administrer pour se payer des intérêts. — Par ce moyen, vous conserverez votre honneur et peut-être quelque somme, car quand je dis d'abandonner votre propriété, j'entends que vous ne fassiez cet abandon du prix que jusqu'à concurrence de votre dette.

« Si cela vous va, faites vos diligences immédiatement. Si pour un motif quelconque vous n'êtes pas disposée à faire ces démarches en personne, veuillez m'en dire un mot, je les ferai pour vous.

« Je vous engage, Mademoiselle, à suivre cette manière de faire, car tout autre vous mènerait à une fausse route.

« Si je n'ai pas donné plus d'activité aux ventes, c'est parce qu'elles ne pouvaient pas se faire solidemment, sans une espèce de concordat fait entre les créanciers.

«Si la vente avait pu s'opérer en bloc et qu'il y eût eu de quoi désintéresser tout le monde, c'eût coulé de soi-même, mais ce n'est pas ainsi.

« Recevez, Mademoiselle, mon dévouement le plus sincère.

«*Votre mandataire* :

J. M.... »

Embarousse, 2 novembre 1865.

A Monsieur M...., géomètre à Auch :

Monsieur,

«J'ai compris que Messieurs les Banquiers dont je suis débitrice, voudraient arriver au prompt recouvrement de ce que je leur dois. De mon côté, je ne désire rien tant que de me libérer envers eux. J'avais songé à vendre une partie de ma propriété, par exemple la moitié, pour opérer ma liquidation. Cependant je n'exclus pas le moins du monde un projet qui consisterait à vendre ma propriété entière, si je puis espérer qu'elle soit vendue pour son véritable prix; dans cette hypothèse, tout ce que j'ai serait converti en argent, et je garderais ce qui me resterait après mes dettes payées.

«Je voudrais, Monsieur, obtenir de vous un calcul qui me fit connaitre qu'elle somme je puis espérer de réaliser en vendant seulement une partie, et qu'elle somme je dois espérer en vendant la totalité.

«Quand cette opération sera faite, on me trouvera disposée à réaliser la combinaison qui sera la plus favorable tout à la fois aux intérêts de mes créanciers et aux miens.»

N'ayant pas obtenu les calculs que je demande à M. M... dans la susdite lettre, je n'ai pas pu les combiner, par conséquent je ne lui ai donné aucun pouvoir, il n'a jamais que celui de mon frère, qui est, je le répète, un pouvoir estorqué.

Le frère fait partir la sœur.

Pour obtempérer à sa guise, selon ses vues et à son profit, ma présence était un redoutable obstacle à mon antagoniste; décidément il voulut s'en mettre à l'abri, il y parvient en se servant des Messieurs de la banque C..., en me fesant signifier un commandement qu'ils voulaient rendre exécutoire si je ne m'en allais pas. Pour m'assurer du fait, je me rendis, accompagnée de M. M..., chez ces messieurs qui confirmèrent tout ce que je viens de vous dire.

Ainsi, une entente secrète ne me permit aucun accès, je ne rencontrai partout que des revêches, que des contradicteurs blasés sur la haine de mon propre frère. Bloquée de toute part et constamment en face d'esprits résolus, d'hommes à caractères serviles et à parti pris, d'êtres en qui toute persuasion devenait impossible, toute résistance un danger nouveau, vu l'impossibilité de trouver un mandataire dominant, impartial, clairvoyant, énergique, dans cette pénurie, bon gré mal gré, il me fallut laisser le pouvoir à qui me l'avait pris.

Ma santé s'altérait visiblement et ma sœur s'en inquiéta et s'en plaignit; qu'elle s'en aille, lui dit-on, il y a longtemps qu'elle aurait dû partir, je le lui ai dit assez souvent, et puis dans quelque temps elle viendra habiter à Buguet (Buguet rêve de sa marotte).

N'y tenant plus, je me disposais à partir. Les champs était ensemensés, la propriété réparée, la maison bien en ordre et munie de provisions, la basse-cour garnie de porcs et de volailles, les étables de nombreux bestiaux, tous sujets bien portants. La cave pleine, une quantité de bois de toute nature et pour tous les usages, tout dans l'ordre et tout en abondance.

Je réalisai péniblement la somme de 200 fr.

Je fis ma malle, mais avant de partir, un autre débat d'intérieur m'était encore réservé et je dûs céder à mon adversaire comme j'aurai à faire tant que nos forces seront inégales.

Il voulut que j'embalasse le linge et les livres. Le tout fut emporté chez lui. Cela fait, je partis au plus vite, par force et à mon grand regret, laissant mon frère libre et maître chez moi, selon son grand désir, mais non sans lutte et sans combat.

Oui, j'ai dû te quitter, solitude chérie, dans l'espérance que par l'éloignement, la patience, j'arriverais à calmer ses fureurs insensées. Mais si je t'ai quittée, ce n'est pas sans regrets; en te quittant, j'ai tout perdu. J'ai perdu ma puissance, ma dignité, mon rang, ma liberté, mes joies, mes délices, ma vie !....

Mon nom avec fureur est trainé dans la fange... Mais je le dirai haut, c'est pour n'avoir fait que le bien. Néanmoins pour moi, tout est perdu, hélas !...

Adieu donc, mes troupeaux, mes si belles génisses, mon chien, ma chèvre, ma gentille pouliche... Adieu mes travaux, mes succès; adieu sol natal, frais bocages qui avez ombragé mes aïeux, échos qui répétiez le nom de Dieu que j'aime!. . Adieu mes serviteurs, mes amis, mes voisins!... Et le temple et l'autel, et ma sœur et mes nièces, vous tous enfin que j'aime, j'ai dû vous dire adieu!...

Mon pays, ma patrie, en vous quittant, j'ai tout perdu!..

Tout perdu, hors une seule chose, ma confiance en Dieu.

FIN DE LA PREMIÈRE SÉRIE.

Agen, imprimerie Léon RABAIN.

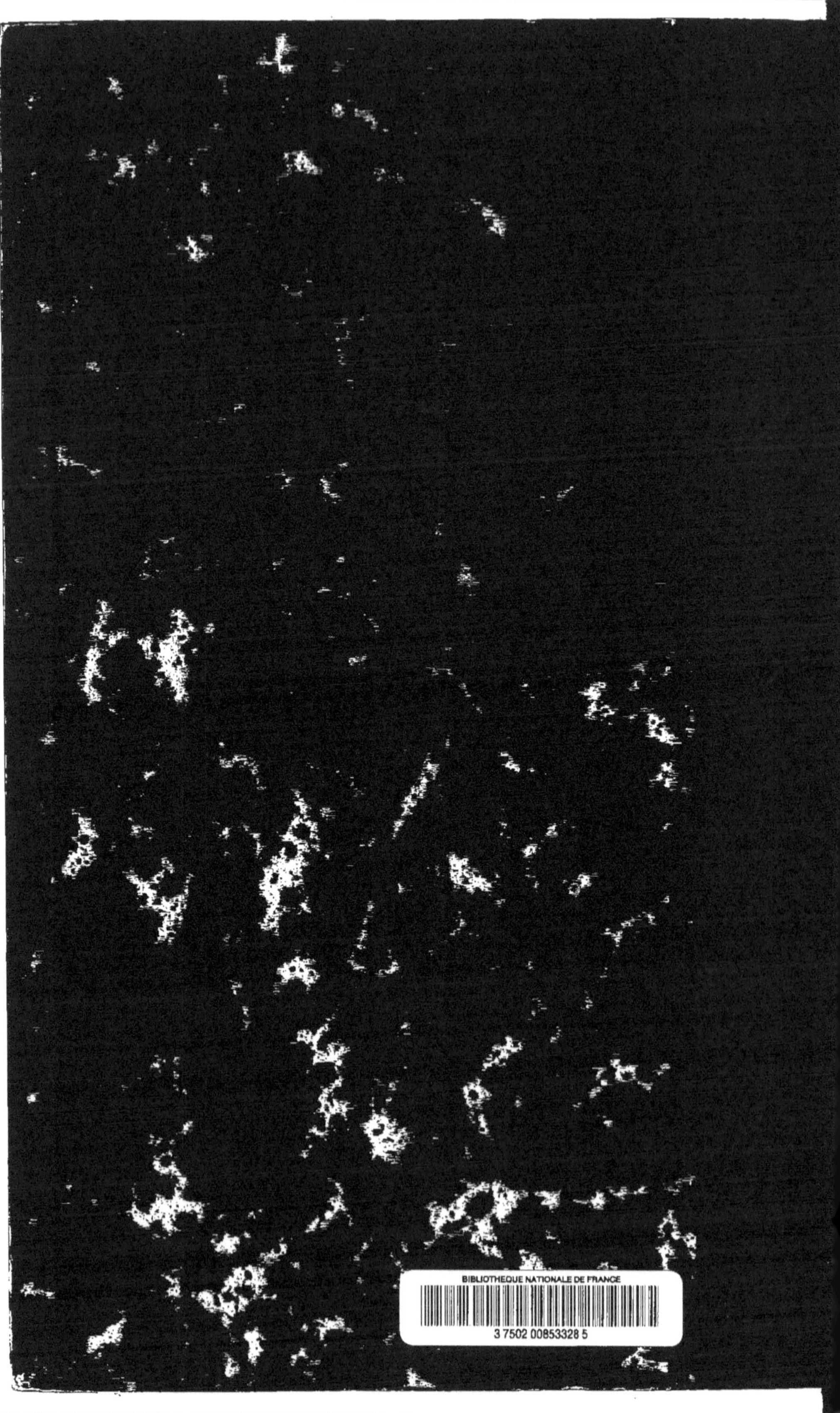

www.ingramcontent.com/pod-product-compliance
Lightning Source LLC
LaVergne TN
LVHW020450230826
846091LV00004B/1639

* 9 7 8 2 0 1 3 6 1 9 6 7 7 *